D1919039

knapp

FRANZ WALTER
ROLF IMBACH

DAS SAGENHAFTE WANDERBUCH

VOM BALMBERG ZUM WEISSENSTEIN

knapp

VORWORT 6

D HÄRDLÜTLI 8

DAS FELSENNEST 12

KALKSTEIN, GIPS UND ALABASTER 22

JÄGERIN UND WETTERHEXE 32

AUF VERSCHLUNGENEN PFADEN 46

ZWISCHEN HIMMEL UND ERDE 64

DER FEUERTANZ 70

GRANDESSE UND MOLKENKUR 86

TOR ZUR UNTERWELT 104

AUF DEN SPUREN DER FRANZOSEN 112

VORWORT

Rex war mein erster Freund. Mit ihm, dem nicht besonders schönen und wenig folgsamen Hund meiner Grossmutter, entdeckte ich die Welt meiner Jugend. Unsere ausgedehnten Streifzüge führten uns ins nahe Hölzli mit seinen stillen Sensationen: Am Bienenhäuschen schlichen wir mit Abstand und Respekt vorbei. Auf der Scholl-Weide deckte ich mich mit Berner Rosen ein. Am Rande des Brennnesselfeldes bellte Rex die grünen Raupen an. Dem Lauf des Baches folgten wir in der Gewissheit, dass sich darin unsere Spuren verwischten. Den unsichtbar hinter jedem Baum versteckten sich die Waldindianer ...

Die ersten Entdeckungsreisen liegen eine Zeit zurück. Mein Freund Rex ist längst im Hundehimmel. Trotzdem – ist mir beim Durchlesen des *Sagenhaften Wanderbuches* überdeutlich bewusst geworden – hat sich im Grunde genommen wenig verändert. Wie damals bin ich unterwegs auf der Suche nach den stillen Sensationen und finde sie in nächster Umgebung! Was früher das Hölzli, ist heute der Solothurner Jura für mich geworden: Heimat und Spielplatz zugleich. Wandern, Klettern, mit den Ski touren – den Füchsen und Hasen gute Nacht sagen – Gelber Enzian, Feuerlilie und Herbstzeitlose – Kafi Lutz,

scharfer Jass und blöde Sprüche. Und unsichtbar hinter jedem Baum verstecken sich die Waldindianer …

Und dann beschliessen Rolf Imbach und Franz Walter, die Tür zu dieser meiner Welt, für Sie liebe Leserin, lieber Leser mehr als einen Spalt breit zu öffnen und elf Geheimnisse zwischen Balmberg und Weissenstein preiszugeben. Ja, ich gestehe, ich musste mich an den Gedanken gewöhnen. Sind Geheimnisse nicht dazu da, Geheimnisse zu sein, fragte ich mich. Geht möglicherweise der Zauber verloren? Werden die Waldindianer vielleicht erschrocken von dannen ziehen? – Überzeugt haben mich schliesslich die Versammlung der Härdlütli, welche das Projekt mit Vehemenz unterstützt –, und das Wissen, dass der Jura zwischen Balmberg und Weissenstein reich ist an stillen Sensationen, die es verdienen, von Ihnen entdeckt zu werden.

Herzlich willkommen im Solothurner Jura und viel Vergnügen auf Ihrer persönlichen, sagenhaften Entdeckungsreise!

Jürgen Hofer
Direktor Region Solothurn Tourismus

D HÄRDLÜTLI

Die guten Geister der Juraberge haben es sich zur Aufgabe gemacht, die Liebe zur Natur unter die Menschen zu tragen. Ein Glücksfall für das Solothurnerland. Dank Hüli und den Seinen entdecken wir unseren Hausberg neu.

Ein herrlicher Frühlingstag erwacht, gähnt verschlafen und räkelt sich wohlig in der Morgendämmerung. Die ersten Sonnenstrahlen verwandeln das zarte Grün der noch jungen, mit frischem Tau behangenen Blätter und Gräser in eine funkelnde Zauberwelt. Nach längerer Regenperiode atmet die Natur hörbar auf.

Hüli wartet an der Strassenböschung neben der Postautohaltestelle in Balm auf die Familie Rohrbach. Er hat es sich, zusammen mit seinen Härdlütlifreundinnen und -freunden, zur Aufgabe gemacht, den Menschenkindern Geheimnisse und Natur seines Berges näher zu bringen: eine Welt des Entdeckens und Erlebens, des Staunens und Bewunderns.

Was bescheiden, ja eigentlich fast zufällig begann, hat sich inzwischen zu einem ansehnlichen Unternehmen entwickelt: kein Tag ohne

Führung. Manchmal sind sogar mehrere Gruppen gleichzeitig und mit unterschiedlichsten Schwerpunkten unterwegs. So erfüllt heute ein Härdmannli von Oberdorf aus, in umgekehrter Richtung, dieselbe Aufgabe. Meldeten sich anfänglich vor allem einzelne Familien zur Entdeckungswanderung an, interessieren sich mittlerweile auch Gruppen, Vereine und Firmen für die Geheimnisse des Berges.

Das knubbelige Erdwesen mit grosser Erfahrung

Hüli ist ein typischer Vertreter seiner Art, mit gutmütigem Schalk in den Augen und einer Haut wie die Erde: zerfurcht, knubbelig, in Falten gelegt. Er ist hilfsbereit und sehr beweglich, kann blitzschnell verschwinden und wieder auftauchen. Wobei sich bei ihm die Jahre langsam bemerkbar machen. Das Nachlassen der Beweglichkeit macht er allerdings mit seiner grossen Erfahrung und Weisheit mehr als wett. Nicht von ungefähr gehört er in der Härdlütliversammlung dem Rat der Weisen an.

Hüli ist in den Felsritzen, Erdlöchern, Höhlen und unter den knorrigen Baumwurzeln rund um die Ruine Balm gross geworden. Als Erdwesen hat er eine starke Verbindung zu den Urkräften, wie das unter seinesgleichen so üblich ist. Die Erde ist Teil von ihm, und er ist Teil von ihr. So ist es ihm denn ein Anliegen, den guten Geist und die Liebe zur Natur unter die Menschen zu tragen. Selbst an einem Tag wie heute, an dem sein Enkel den zehnten Geburtstag feiert. Ein bedeutender Schritt im Leben eines Härdlütlikindes, darf es doch ab diesem Tag wie die Erwachsenen bei allen wichtigen Anlässen die Härdlüt-

litracht tragen. Nicht nur die Familie, sondern die ganze Härdlütlisippe feiert mit. Seit Härdlütligedenken schon. Der Tag wird so für das Geburtstagskind zu einem unvergesslichen Erlebnis.
Heute trifft dies ganz besonders zu, denn heute feiert auch gleichzeitig Hülis Tante Fabula Geburtstag. Ihren Achtzigsten! Ein Generationenfest also mit allem Drum und Dran.

DAS FELSENNEST

Am Fusse der Balmfluh liegt die Grottenburg der Freiherren von Balm. Hier geistern noch immer die untröstlichen Seelen der einst unglücklich verliebten Heinrich und Hedwig sowie der vor 150 Jahren über die Felswand gestürzten Ursula Sperisen. Heute nisten Wanderfalke, Kolkrabe, Felsenschwalbe und Dohle in den Spalten und Löchern der Fluh.

Das Postauto nähert sich, hält an. Die Türen öffnen sich. Zwei Kinder hüpfen heraus. Ihnen folgen ein Mann und eine Frau: die Familie Anna und Thomas Rohrbach mit der siebenjährigen Lara und dem drei Jahre älteren Louis. Der Chauffeur winkt Hüli grüssend zu und wünscht allen einen schönen Tag. Dann schliessen sich die Türen des Postautos. Bald schon entschwindet es um die nächste Biegung. Hüli begrüsst die Ankömmlinge, schüttelt auch den beiden Kindern aufmunternd die Hand und stellt sich vor. «Wenn es Ihnen recht ist, sprechen wir einander während unseres gemeinsamen Erlebnistages mit Du an. Unnötige Barrieren soll man öffnen!»
«Noch so gern, und wie recht du hast», stimmt ihm Thomas zu. «Es soll übrigens vor allem Louis' Tag werden. Er feiert heute seinen zehnten Geburtstag.»

Hüli klopft Louis gratulierend auf die Schultern und lächelt ihm geheimnisvoll zu. «Trifft sich ausgezeichnet», sagt er. «Du wirst noch staunen!» Dann bittet er sie mit einem entwaffnenden Lächeln, ihm zu folgen. Seine Fröhlichkeit steckt an.

Wanderfalken

Am offiziellen Grillplatz, unmittelbar neben dem Aufgang zur Ruine, setzt er sich mit der Familie auf die Holzbank und erklärt ihr in groben Zügen den Ablauf des Tages. Dabei zeigt er auf seinen prallen Rucksack. «Damit es uns an nichts mangelt!» Er zieht seinen Feldstecher hervor und richtet ihn auf die Ruine. Die imposante Grottenburg der ehemaligen Freiherren von Balm, wie ein Vogelnest an die 60 Meter hohe Felswand geklebt, schaut trotzig auf sie herab.

«Mein Name entstammt dem ersten Vertreter dieses Adelsgeschlechts hier», erklärt er, mit dem Fernglas die Wand absuchend. «Fridericus von der Hüli erscheint mit seinem Sohn Guntram schon im 12. Jahrhundert im Jahrzeitbuch von Flumenthal.» Hüli hält inne und konzentriert sich auf die Felswand.

«Ah, nicht schlecht», brummelt er mit seiner runzligen Stimme, «gar nicht schlecht!»

«Siehst du etwas?», fragt Thomas.

«Einen Wanderfalken.»

«Einen Wanderfalken?»

«Ja, schau mal, dort in der Fluh!» Hüli reicht ihm den Feldstecher.

«Ein eindrückliches Kaliber, nicht?

«Für mich immer wieder ein Erlebnis!», gesteht Hüli.

«Was frisst er denn?»

«Vor allem Vögel: Tauben, Krähen, Stare, Drosseln.

DIE RUINE BALM

Am Fusse der Balmfluh, etwa 20 Meter über dem Wiesengelände, liegen die Reste der Grottenburg Balm. Funde erweisen eine Siedlungskontinuität von rund 8000 Jahren. Der Name Balm stammt aus dem Keltischen.

DIE EINZIGE GROTTENBURG DES KANTONS SOLOTHURN

Die im 11. Jahrhundert erbaute Grottenburg ist die einzige dieses Typs im Kanton Solothurn. Am Fusse der Felswand sind Reste der ehemaligen Vorburg und der Wirtschaftsgebäude sichtbar. Von der Vorburg gelangt man über eine Felstreppe zur Kernburg, die seit dem 15. Jahrhundert nicht mehr bewohnt ist. Sie wurde in den 1960er-Jahren restauriert. Heute wird die Burganlage vom Burgverein Balm betreut.

Die Burg wird von mancher Sage umrankt. Die Freiherren von Balm, die sich die rund sechs Meter tiefe Nische in der Balmfluh zur Anlage ihrer Stammburg ausgewählt hatten, machten ihren Einfluss weit über die engere Region hinaus, bis ins Luzernbiet und den Oberaargau geltend.

INFOS

GRILLPLATZ ZUM VERWEILEN

Eine gut gepflegte Grillanlage mit Unterstand zu Füssen der Grottenburg steht der Öffentlichkeit (Schulen, Vereine, Familien) zur Verfügung und ist frei zugänglich.

RESERVATION

Burgverein Balm
4525 Balm b. Günsberg
Marianne Scherler-Bader
Telefon 032 637 20 17

Wanderfalke

BUNTE VOGELWELT

Die landschaftlich ausserordentlich abwechslungsreiche Gegend bietet sich geradezu an für ornithologische Exkursionen. Allein schon die Balmflueh beherbergt Raritäten wie Wanderfalke, Dole, Felsenschwalbe und Kolkrabe. Die senkrechte Felswand bietet diesen Arten gute Brutmöglichkeiten und Schutz vor Feinden.

Geht man auf der Alten Balmbergstrasse weiter Richtung Balmberg, öffnet sich bald das Tal, und links und rechts beginnen die Weiden mit vielen natürlichen Hecken und Dornenbüschen, ideal für einen weiteren Spezialisten, den Neuntöter (Rotrückenwürger). Auch er brütet hier regelmässig.

Neben den häufigen Arten wie Finken und Meisen fallen in diesem Gebiet vor allem die Drosseln auf. Sing-, Mistel-, Wacholder- und mit etwas Glück auf der Passhöhe auch Ringdrosseln sind keine Seltenheit.

INFOS

ORNITHOLOGISCHE EXKURSIONEN

Der Verband Solothurner Vogelschutz bietet ornithologische Exkursionen an. www.vvso.ch

Ja, selbst Stockenten und Graureiher sind vor ihm nicht sicher. Er ist der Inbegriff des rasanten Flugjägers. Oft kreist er im Spähflug in grosser Höhe. Bei günstiger Gelegenheit schlägt er zu. Der schnittige Flieger erreicht im Sturzflug atemberaubende Geschwindigkeiten und stürzt sich wie ein Geschoss auf die Beute.»
«Jetzt ist er weg.» Thomas nimmt das Glas von den Augen.
Hüli lächelt. «Hat wohl sein Opfer gefunden!»
«Ich habe gar nichts gesehen», klagt Lara.
«Das nächste Mal bist du dran», verspricht Hüli. «In den Höhlen und Löchern dieser Fluh hausen auch Kolkraben, Felsenschwalben und Dohlen. Es bieten sich sicher weitere Gelegenheiten. Aber auch sonst gibt es hier noch einiges zu sehen.»

Der Sturz über die Felswand

Er führt sie zu einem Gedenkstein nahe der Strasse: Hier verunglückte am 8. August 1860 durch Sturz über diese Felswand Ursula Sperisen von Niederwil, Alter 17 Jahre.
«Zeuge eines traurigen Ereignisses», erklärt Hüli. «Und alles nur, weil diese Ursula den Verlockungen der saftig-süssen Beeren nicht widerstehen konnte.»
«Der Sündenfall in anderer Form», bemerkt Thomas. «Der treuste Begleiter der Menschheit von Anbeginn!»
Hüli schaut seinen Gast etwas überrascht an. Dann schweift sein Blick erneut der Felswand entlang. Diesmal scheinbar ohne Erfolg. «Wir steigen jetzt zur Ruine hoch. Achtet auf den Tritt! Die Stufen der in den Fels gemeisselten steilen Treppe sind stark verwittert und noch feucht. Es besteht Rutschgefahr. Haltet euch vorsichtshalber am Geländer fest!»

Nachdem er ihnen die eindrücklichen Überreste der ehemals weitläufigen Wehranlage gezeigt hat, setzt er sich mit ihnen vor die dicke Mauer hinaus und schaut geheimnisvoll ins Dorf hinunter. «Einmal», beginnt er zu erzählen, «es war in meiner Jugendzeit, einige Tage nach Neujahr, Schnee bedeckte das Land, wollten ich und mein Freund hier oben bei Glühwein und heisser Suppe einen gemütlichen Abend verbringen. Er wurde zum Albtraum. Noch kochte die Suppe nicht, strichen zwei geisterhafte Schatten hier dieser Fluh entlang, der eine blutig rot, der andere striemig grau. Schauderhaft. Es sah aus, als ob sie einander suchten und doch nicht finden konnten. ‹Ich bin schuld! Ich bin schuld!›, klagte eine Stimme vom Felsen herab. Immer und immer wieder. Uns lief es kalt über den Rücken. Wir liessen Suppe, Glühwein und Feuer im Stich und verkrochen uns Hals über Kopf in die nächste Felsritze.»

Heinrich von Balm und Hedwig von Hubersdorf

«Und was hatte es mit diesen beiden Schatten auf sich?», fragt Anna Rohrbach interessiert, während Lara, inzwischen Schutz suchend an ihren Vater geschmiegt, Hüli entsetzt anstarrt.

«Es waren die untröstlichen Seelen der einst unglücklich verliebten Heinrich und Hedwig», erklärt Hüli. «Heinrich wuchs hier auf der Burg Balm auf. Hedwig war die einzige Tochter der Edlen von Hubersdorf. Beide verbrachten zusammen eine glückliche Jugendzeit. Dann musste Heinrich zur Ausbildung in die Fremde an einen Fürstenhof. Kurz darauf starben Hedwigs Eltern. Auf dem Hof der Edlen von Hubersdorf ging alles drunter und drüber. Hedwig wuchsen Aufgabe und Verantwortung über den Kopf. Gleichzeitig musste sie sich viele Kilter vom Hals halten. So stellte sie einen gestandenen Mann ein. Der brachte den Schlossgutsbetrieb bald wieder in Ordnung. Ein mürrischer Mensch. Als Dank und um den Kiltern zu entfliehen, heiratete sie ihn trotzdem. Eines Tages kehrte Heinrich als Ritter zurück. Er hatte Hedwig während all der Jahre nie vergessen. Als er vernahm, dass sie inzwischen verheiratet war, machte er rechtsumkehrt. Doch Hedwig flehte ihn an zu bleiben. Sie merkte erst jetzt, wie sehr sie ihn vermisst hatte. Mehr noch, sie bat ihn, ihren griesgrämigen Alten umzubringen, und hatte auch schon einen Plan dazu bereit. Ein Licht im Turmfenster sollte das Zeichen sein. Heinrich aber wollte sich keines Mordes schuldig machen und mied künftig die Gegend. Trotzdem zog es ihn immer wieder hin. Eines Nachts stand er unerwartet, ohne zu wissen wie und warum, vor dem Schlossgut und sah im Turmfenster das flackernde Licht. Er spannte den Bogen und schoss. Das Licht erlosch. Heinrich, seiner Tat erst jetzt gewahr, floh und kehrte nie mehr zurück. Als Hedwig Tage später auf der Burg Balm nach ihm fragte, jammerte seine Mutter, er sei auf dem Kreuzzug in fernen Landen, um für die schreckliche Tat zu büssen. Bestürzt rannte Hedwig davon. Später hörte man sie von der Fluh herab klagen: ‹Ich bin schuld! Ich bin schuld!› Am folgenden Morgen fand man sie tot zu Füssen der Felswand.

So weit die traurige Überlieferung», beendet Hüli die Geschichte und wendet sich seinen Gästen zu. «Aus der Luft gegriffen scheint sie allerdings nicht. Harte Fakten, verbrieft und bezeugt, stehen ihr nämlich an Tragik in überhaupt nichts nach: Am 1. Mai 1308 ermordeten Rudolf von

Balm, sein Schwager Rudolf von Wart, Erzherzog Johann und weitere Spiessgesellen in Windisch König Albrecht von Österreich!»

Hüli steht auf. «Lassen wir die Vergangenheit ruhen und machen wir uns auf den Weg! Wir haben noch einiges vor heute.»

Zurück auf der Strasse, ruft er Lara zu sich und drückt ihr den Feldstecher in die Hand. «Jetzt bist du dran. Schau mal dort oben! Siehst du den Vogel in der Felswandnische?»

Lara sucht verzweifelt. Dann endlich. «Ach, ja, hier! Jetzt hab ich ihn!»

«Das ist eine Felsenschwalbe. Eben erst aus dem Süden zurückgekehrt und schon mit dem Nestbau beschäftigt. Mit Lehm, Schlamm, Mörtel und Steinchen baut sie ein Kunstwerk. Felsenschwalben sind bemerkenswerte Flugkünstlerinnen. Die Akrobatinnen der Lüfte sozusagen!»

KALKSTEIN, GIPS UND ALABASTER

Gipsmühlen lieferten Handwerkern und Bildhauern hochwertigen Baustoff und Kalksteinbrüche den Rohstoff zur Herstellung von Kochsäure. Auf unserer Wanderung verhelfen Tierspuren Louis und Lara zu eindrücklichen Gipsabgüssen.

Kurz nach der Feuerstelle führt der Weg in den Wald und verzweigt sich. Links steigt die Alte Balmbergstrasse steil an. Hüli folgt dem Weg rechts. Der neigt sich in einem sanften Bogen der Sigger zu. «Nur ein kleiner Abstecher», beruhigt Hüli den ihn erstaunt anschauenden Thomas. «Wir kehren bald auf die Balmbergstrasse zurück.»

Am Ufer der Sigger bleibt er stehen und stellt seinen Rucksack ab. Es ist kühl unter den schattigen Bäumen am plätschernden Bach. «Hier stand die untere Gipsmühle», erklärt er. Der Gips wurde weiter oben abgebaut, unterhalb der Längmatt. Man kann ihn dort heute noch sehen. Sogar Alabaster wurde gewonnen. Dichter, feinkörniger Gips, der sich zur Bildhauerei vorzüglich eignet. Kunstwerke in der Verenakapelle und der Kirche zu Kreuzen zeugen davon.

Gips war das Schmiermittel der Jurafaltung, denn unter Druck wirkt Gips wie Schmierseife.

Übrigens, ganz in der Nähe der Gipsvorkommen, auf dem Rippli, kann man auch schöne Versteinerungen vom Seelilien-Stachel finden. Die Stacheln schauen aus dem Kalkstein hervor, weil sie härter sind als Kalk.
Hier unten in der Mühle wurden die Rohsteine zerkleinert und sortiert, später in einem Schachtofen vorgetrocknet, dann gemahlen und zum Schluss gekocht, um dem Gipsmehl das letzte Wasser zu entziehen.»
«Wozu soll denn das Gipsmehl gut sein?», fragt Lara.
«Typisch Schwester!», hänselt Louis. «So was von blöd!»
«Erklär es ihr doch!», fordert Hüli den Jungen auf.
«Nun, ja, irgendwie ...» Louis stockt.
«Er weiss es ja selber nicht!», lacht Lara schadenfreudig.
«Sicher weiss ich es», wehrt sich ihr Bruder. «Als ich beim Skifahren das Bein brach, bekam ich einen Gips.»
«Richtig», bestätigt Hüli, «das ist ein Verwendungszweck unter vielen.» Dabei zieht er einen prall gefüllten Papiersack, eine Blechbüchse und vier etwa zehn Zentimeter lange Holzleisten aus dem Rucksack. «Ein Freund von mir und gleichzeitig ein Spezialist in dieser Sache, wird euch jetzt zeigen, wozu man Gips auch verwenden kann. Doch schaut euch vorerst mal um. Sucht gut erhaltene Blätter von Pflanzen, die euch gefallen. Im nassen Boden findet ihr möglicherweise Spuren von Tieren. Und wer weiss, vielleicht entdeckt ihr auch Versteinerungen: Muscheln und Schnecken und so. Eure Eltern helfen euch sicher dabei. Hier herrschten mal tropische Temperaturen. Das weite Meer erstreckte sich weit über den Horizont hinaus. Der ideale Standort

für Versteinerungen allerdings liegt weiter oben.»
«Du hast Freunde hier?», fragt Lara erstaunt.
«Sicher», bestätigt Hüli. «Härdlütli haben überall Freunde.»
«Ich sehe niemanden.»
«Warts ab!»
«Vielleicht finde ich sogar Spuren deines Freundes», schlussfolgert Lara.
«Und von Dinosauriern», höhnt Louis.
«Spotte nicht!», weist ihn Hüli zurecht. Vor Jahrmillionen trampelten hier tatsächlich solche Riesen herum. Gar nicht so weit von hier kann man ihre Spuren besichtigen. Aber bitte an die Arbeit jetzt. Sucht nach dem schönsten Blatt und eventuellen Spuren!», wiederholt er seinen Auftrag und lächelt dabei Thomas und Anna zufrieden zu.

Tierspuren aus Gips

Die Kinder huschen davon. Die Eltern folgen ihnen langsam hinterher. Hüli legt währenddessen das notwendige Material zurecht. Der Bach plätschert friedlich dahin. Wasser tropft vom nahen Fels. Die noch zarten Blätter säuseln in der sanften Brise. Vögel zwitschern. Eine Amsel raschelt im Laub. Über den Wipfeln weint ein Mäusebussard: eine fast andächtige Stimmung. Die Kinder flüstern nur noch miteinander. Und dann…
«Hört ihr ihn?», fragt Hüli mit leiser Stimme.
«Wen?»
«Unseren Freund. Dort!» Hüli zeigt zu einem alten Wurzelstock.
«Ich sehe nichts!», gesteht Louis.
«Jetzt ist er weg.»
«Ein Härdlütli?», fragt Lara.
«Härdmannli!», schulmeistert Louis.

«Richtig, Lara», bestätigt Hüli.
«Unsinn», widerspricht Louis.
«Nein, Tatsache», entgegnet Hüli. «Härdlütli sind sehr beweglich. Sie können blitzschnell verschwinden und wieder auftauchen. Ausserdem spielen sie gern. Er wird wiederkommen.»
«Wie sah er aus?», fragt Lara.
«Wie ich», lacht Hüli. «Da!» Er zeigt auf einen tief herabhängenden, knorrigen Ast. Tatsächlich, dort bewegt sich etwas. Ein Härdmannli. Hüli winkt ihn heran. «Darf ich vorstellen? Unser Freund und Spezialist: Gipsi!»
Louis und Lara lassen vor Überraschung ihr gesammeltes Material fallen. Anna und Thomas begrüssen ihn freudig.
«Willkommen hier bei mir!», sagt Gipsi. «Es freut mich, mit euch arbeiten zu dürfen. Zeigt mir doch mal, was ihr gefunden habt!»
Der Bann ist gebrochen. Louis und Lara strecken Gipsi ihre gesammelten Blätter hin. Der begutachtet sie genau, wendet und dreht sie nach allen Seiten, fährt mit dem Mittelfinger prüfend darüber.
«Ausgezeichnet!», schwärmt er, «prima Auswahl, das gibt erstklassige Abdrücke!»
«Ich fand auch noch eine Tierfährte!», brüstet sich Lara und führt Gipsi stolz zur Fundstelle.
«Tatsächlich, eine Rehspur», bestätigt das Härdmannli, «und erst noch ein Abdruck von guter Qualität. Beginnen wir doch gleich damit!»
«Die Dummen haben doch immer Glück», lästert Louis, seine Enttäuschung nur schlecht kaschierend, während Gipsi die von Hüli mitgebrachten Holzleisten so zusammenfügt, dass sie einen passenden Rahmen bilden. Diesen legt er um den von Steinchen und anderen Unreinheiten gesäuberten Abdruck. Dann rührt er den Gips

an, giesst ihn in den Rahmen und verstreicht die Masse gleichmässig flach.

«Und ich?», fragt Louis.

«Wähle eines deiner Blätter aus, dann giessen wir von ihm einen wunderschönen Abdruck.»

Keine halbe Stunde später bewundern Louis und Lara begeistert ihre Kunstwerke.

NATURMUSEUM SOLOTHURN

Schaut man links und rechts vom Wegesrand etwas genauer hin, so wird man bestimmt fündig. Eine kleine Lupe hilft, auch kleinere Fossilien zu entdecken. Erkennt man eine verdächtige Stelle an einem Gesteinsbrocken, so kann ihm mit einem Hammer vorsichtig zu Leibe gerückt werden.

Eine mögliche Ausbeute an Fossilien ist auf dem Bild oben zu erkennen. Wurde man nicht fündig, so darf man nicht enttäuscht sein. Nach dem nächsten starken Regen hat man vielleicht mehr Glück, dann werden in den weichen Mergeln und Tonen am Balmberg immer wieder ganz von allein frische Fossilien herausgewaschen.

In der Zwischenzeit kann ein solcher Regentag für einen Museumsbesuch genutzt werden. Dort können Fossilien, aber auch Mineralien vom Balmberg bewundert werden. Das Naturmuseum Solothurn hilft einem auch weiter, wenn man nicht genau weiss, was man für eine Versteinerung gefunden hat.

Obere Reihe (von links): Pilgermuschel, Schlitzbandschnecke, Tintenfischteile
Untere Reihe (von links): Armfüsser, Seelilienstielglied, Seeigel

INFOS

Naturmuseum Solothurn
www.naturmuseum-so.ch
Klosterplatz 2
4500 Solothurn
Telefon 032 622 70 21

ÖFFNUNGSZEITEN

Dienstag bis Samstag
14 bis 17 Uhr
Sonntag 10 bis 17 Uhr
Montag geschlossen

GEOLOGIE AM BALMBERG

Ob wir vom Balmberg zum Weissenstein wandern oder in der Gegenrichtung, die schön gewundene Falte der Röti dominiert das gesamte Gelände. So einfach wie die Jurafaltung hier erscheint, ist sie aber keineswegs. Beidseits der Röti treffen wir auf steile, ja sogar überkippte Felswände. So auf der Südseite an der Balmfluh und auf der Nordseite in der wilden Schlucht des Schofgrabens. Wie komplex die Jurafaltung sein kann, erkennen wir beim Blick über die gesamte Weissenstein-Antiklinale (Falte). Die Abbildung rechts ist ein schematischer Schnitt durch den Balmberg und lässt erkennen, dass die Jurafaltung, die vor rund zehn bis fünf Millionen Jahren erfolgte, keineswegs homogen verlief. Über- und Unterschiebungen sowie Brüche prägen den Bau der Falten. Der Schnitt ist stark vereinfacht, in Wirklichkeit hat es noch mehr Brüche und Flexuren.

Entscheidend für den strukturgeologischen Bau der Falten ist die Wechsellagerung aus harten (kompetenten) Kalken und weichen (inkompetenten) Tonen und Mergeln. Die Kalke sind verwitterungsresistent und bilden häufig Felsrippen und Kämme (crêtes), quasi das Gerippe einer Jurafalte. Wo nicht zu steil, sind die Flanken meist bewaldet. Die Tone und Mergel hingegen sind verwitterungsanfällig und bilden weiche Geländeformen, wie die Längstäler (combes). Wegen ihres hohen Tongehaltes sind sie wasserstauend und -speichernd und bilden so eher Weideland. Wegen ihrer weichen Beschaffenheit konnten sie während der Jurafaltung flexibler auf das spröde Verhalten der Kalke reagieren. Deshalb kann heute deren Mächtigkeit lokal sehr stark variieren.

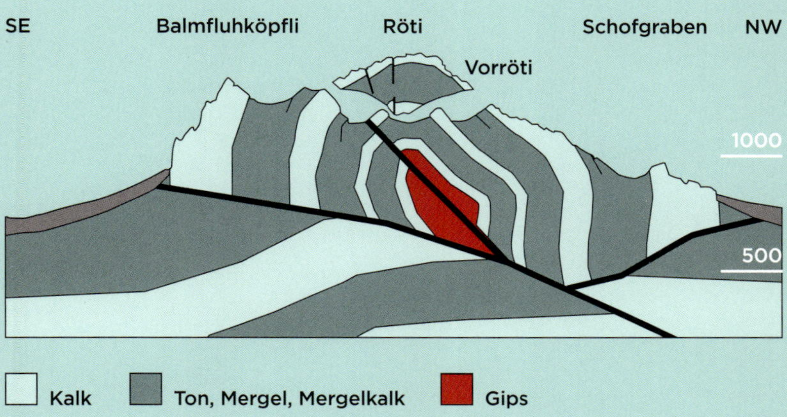

GIPS/ANHYDRIT
Tief im Berg liegt das $CaSO_4$ wegen der Überlast der Gesteine als kompakter, wasserfreier Anhydrit vor. Nahe der Oberfläche nimmt der Anhydrit Wasser auf und wird zum Gips. Gipsgesteine, die schon bei der Ablagerung (hier: vor 210 Millionen Jahren) oder später bei der Gebirgsbildung eine besonders schöne Maserung erhielten, werden Alabaster genannt.

Im Kern der Falten liegen jeweils die ältesten Schichten des gefalteten und überschobenen Juragebirges. Dabei handelt es sich um mächtige Gips- und Anhydritlagen, die eigentlichen Gleitflächen der Jurafaltung, die während des Zusammenschubs auch in die Faltenkerne gepresst wurden. Durch Erosion wurden die Falten stellenweise tief eingeschnitten und die älteren Schichten freigelegt, bis hinunter auf den Gips. So frass sich auch der Siggernbach tief in den Balmberg und legte den Gips beispielsweise bei der Längmatt frei.

Der Gips wurde hier seit dem späten 15. Jahrhundert auch abgebaut. Unter dem Weidli (Balm) befanden sich zwei Gipsmühlen und in Niederwil sogar eine Gipsfabrik. Aus dem dekorativen, braunen Balmberg-Alabaster wurden unter anderem verschiedene Kunstwerke der Kirche zu Kreuzen und Figuren des Hauptaltars der Verenakapelle angefertigt.

JÄGERIN UND WETTERHEXE

Einst bevölkerten Handelsleute und Molkentouristen die alte Säumerstrasse, heute kümmert sich Huberta, die Jägerin und ehemalige Wetterhexe, um die Erhaltung einer intakten Natur rund um den Balmberg. Erholungssuchenden und wissensdurstigen Wanderern steht sie mit Rat und Tat zur Seite.

Zurück auf der steil ansteigenden Balmbergstrasse, hält Hüli kurz an. Linkerhand erhebt sich die mächtige Fluh, rechts stürzt sich die tosende Sigger in die selbst gefressene, tiefe Schlucht.
«Wenn ihr da hinaufschaut», erklärt er und zeigt senkrecht nach oben, «dann versteht ihr, warum der Balmberg eben Balmberg heisst. Der Name Balm ist das keltische Wort für Höhlung und überhängender Fels.»
«Die romantische Passstrasse mit eigener Zollstätte war während Jahrhunderten ein wichtiger Saumpfad und Handelsweg», fährt Gipsi, der sich ihnen angeschlossen hat, fort. «Ausserdem trabte der Hausbursche mit dem Balmbergesel zweimal pro Woche in die Stadt, um Proviant für das Kurhaus zu holen. Am meisten Verkehr aber erzeugten die beiden Gipsmühlen und der Kalksteinbruch. Die schweren Zwygart'schen Pferdefuhrwerke mit dem baumlangen Fuhrmann Leh-

mann schafften um 1900 herum Unmengen von Gips und Kalkstein in die Stadt und später ins Attisholz. In der oberen Gipsmühle übrigens, nicht weit von hier, stiegen seinerzeit nicht selten sogenannte Molkentouristen auf ihrem Weg zum oder vom beliebten Kurbad auf dem Oberen Balmberg ab. Der Müller war bekannt als unterhaltsamer Gastwirt. Selbst wenn man ihn mitten in der Nacht aus dem Bett klopfte, hiess er einen willkommen. Noch bekannter allerdings war er für seine Trinkfestigkeit. Der Wein mundete ihm stets besser als den Gästen. Er sprach ihm auch dementsprechend gebührend zu. So, als ob er beweisen wollte, dass der Wein vorzugsweise für nächtliche Wanderer wachse. Er mass dem ehrbaren Getränk gleichsam eine magische Kraft zu und versicherte ein ums andere Mal, die Flasche mache die Laterne überflüssig!»

Der funkensprühende Schimmel

Der steile Weg führt um die senkrechte Felswand herum, überquert die Sigger und lässt die Überreste des ehemaligen Steinbruchs zu seiner Linken zurück. Rechts wird der Blick frei auf eine riesige, einer Arena ähnliche Lichtung mit saftigem Weideland in stotziger Lage und ein paar greisen Wettertannen. Und mitten im schützenden Kessel steht ein gefühlvoll renoviertes Bauernhaus: das Weidli.

Gipsi zeigt rechterhand zur steilen Böschung hinauf. «Da, etwas weiter oben», erklärt er, «stand früher ein altes ‹Weidschüürli›, worin es regelmässig spukte. Einige wollten sogar einen Schimmel gesehen haben, der nachts im sprühenden Funkenregen über die Krete und um das ‹Schüürli› herumgaloppiert war. Dabei sollen feurige Steine auf die Strasse herabgedonnert sein. Ich

lachte stets darüber. Bis ich eines Nachts auf dem Heimweg hier an dieser Stelle Dutzenden von herabstürzenden, glühenden Steinen ausweichen musste. Ich schrie dem Unbekannten zu, er solle sich zeigen, wenn er den Mut dazu habe. Darauf wurde es augenblicklich still, und ich setzte meinen Weg fort. Am anderen Morgen aber, als ich erwachte, hatte ich einen geschwollenen Kopf, obschon mich doch kein einziger Stein getroffen hatte!»

Die Aufgaben einer Jägerin

Die Wandergruppe lässt das Weidli rechts liegen und taucht wieder in den Wald ein. Die Alte Balmbergstrasse, die sich vorübergehend etwas gutmütiger gezeigt hat, steigt erneut unbarmherzig an. Nach zwei engen Kehren macht ein Wegweiser auf einen nach rechts führenden, schmalen Pfad aufmerksam. Briefkastenweg steht darauf. «Der führt zur neuen Balmbergstrasse und dann darüber hinaus zu den bereits erwähnten Gipsvorkommen unterhalb der Längmatt», erklärt Gipsi. «Schon das allein wäre ein Ausflug wert. Wir aber folgen weiterhin der Alten Balmbergstrasse und dem Bach.»
Links weicht der Wald einer sanft den Höhen zustrebenden Juraweide. Mittendrin verlottert das verlassene Gebäude des Unteren Balmbergs. Bald erreicht die Gruppe die Talstation des unteren Skilifts. Die Strasse dreht nun rechts ab, lässt den Wald endgültig hinter sich und führt direkt dem Mittleren Balmberg zu. Hier bleibt Hüli stehen und zeigt auf die den Bach umsäumende Hecke. «Natürliche Hecken sind unverzichtbare Biotope für eine nur einigermassen intakte Natur», bemerkt er und zieht den Feldstecher hervor. «Sie bieten Unterschlupf und Nahrung für unzählige

Tiere. Vor allem auch Vögel. Bergstelze und Berglaubsänger, Zilpzalp, Mönchsgrasmücke und verschiedene Meisearten tummeln sich darin. Und…», er schaut genauer hin, stellt die Linse schärfer ein, «… tatsächlich, der Neuntöter! Den habe ich ganz vergessen. Der fühlt sich selbstverständlich hier in der mit Dornsträuchern reich durchsetzten Hecke ebenfalls wohl. Er spiesst seine Beutetiere, vor allem Insekten aller Art, an Dornen auf, um sie zu bearbeiten oder als Vorrat zu halten.» Hüli winkt Lara zu sich.

«Schau mal, dort!»

Noch während Lara mit dem Fernglas dem Neuntöter folgt, raschelt es im Laub. Die Rohrbachs trauen ihren Augen nicht. Ein weiteres Härdmannli steht vor ihnen. Besser gesagt, ein Härdfraueli. Eine Sie, zweifellos. In schicker Jägerkleidung strahlt sie die Wanderer an, als hätte sie soeben einen kapitalen Bock geschossen.

«Darf ich vorstellen?», Hüli zwinkert seiner Kollegin schalkhaft zu, «Huberta, die beste Jägerin weit und breit!»

«Glaubt diesem Hochstapler nicht alles!», wehrt Huberta lachend ab und heisst die Familie in ihrem Jagdrevier herzlich willkommen.

«Und das Gewehr?», fragt Louis kritisch. «Zu einem rechten Jäger gehört doch ein Gewehr!»

«Nicht immer», wehrt Huberta ab. «Den grössten Teil seiner Aufgaben verrichtet der Jäger ohne Waffe. Sie besteht hauptsächlich in der Hege und Pflege des für die Tiere notwendigen Lebensraums. Das Schiessen von Wild ist wohl die spektakulärste, gleichzeitig aber auch die heikelste und verantwortungsvollste Tätigkeit des Weidmanns. Jeder Abschuss muss reiflich überlegt sein. Denn immerhin greifen wir damit unumkehrbar in das Freiheits- und Lebensrecht unse-

res Mitgeschöpfs ein und bewegen uns dabei an der Schnittstelle von Leben und Tod.» Huberta tritt einen Schritt auf den Jungen zu.
«Glaube mir, Louis, selbst bei mir, die ich als Härdlütlikind in freier Natur aufgewachsen bin, dauerte es lange – nachträglich gesehen, sogar allzu lange – bis ich diese Einsicht gewann. Mein Name Huberta kommt nicht von ungefähr. Doch davon vielleicht später. Vorerst bitte ich euch, mir zu folgen.»

Eine Viertelstunde später sitzen sie vor dem Restaurant Mittlerer Balmberg bei Kaffee oder heisser Schokolade, gut bewacht von einem ausgestopften Dachs am Eingang zur Gaststube, und lauschen gespannt Hubertas Ausführungen.
«Wie schon gesagt», nimmt sie den Faden wieder auf, «unsere Hauptaufgabe besteht in der Erhaltung des Lebensraumes. Wir pflanzen Bäume und Sträucher, ja ganze Hecken, legen Wildgärten mit Heilkräutern für Tiere an, richten Salzlecken ein, sähen und setzen in eigens hergerichteten Äckern Mais und Kartoffeln, damit die Wildschweine sich da bedienen und nicht die Felder der Bauern verwüsten. Wir verblenden die Strassen mit Duftstoffen und Disketten, um die Tiere zu schützen, und retten im Mai die Rehkitze vor den drohenden Mähern. Die Jagd dient der Regulierung der Bestände und der Verhinderung von Seuchen und Wildschäden und nicht der Befriedigung des Jagdfiebers. Aufgrund regelmässiger Wildzählungen wird genau festgelegt, wie viele Tiere geschossen werden dürfen. Seit der Einsetzung des Luchses sind wir übrigens vermehrt gefordert. Er hat sich gut eingelebt im Jura, und das Wild ist scheuer geworden.»

Melanie Hauswirth und Fredy Boillat freuen sich darauf, Sie verwöhnen zu dürfen.

MITTLERER BALMBERG

Der Mittlere Balmberg liegt an der alten Säumerstrasse Balm–Balmberg.

DER GAST IST KÖNIG

Das Restaurant besteht aus einer Gaststube und einem Säli mit je 35 Plätzen. Ausserdem bieten ein Zelt und ein Fonduehüttli weitere Sitzgelegenheiten, vor allem für grössere Gruppen. Drei Zweier- und ein Dreierzimmer laden zum längeren Verweilen ein. Auf der Speisekarte sind die mit viel Liebe zubereiteten Wildspezialitäten hervorzuheben. Sie stammen mehrheitlich aus eigener Jagd.

MIT DER JAGD VERBUNDEN

Die Verbundenheit mit der Jagd zeigt sich auch an den ausgestopften Wildtieren vor und in der Gaststube: Gams, Reh, Dachs, Fuchs und Marder. Für Interessierte und Rätselliebhaber besteht die Möglichkeit, ihre diesbezüglichen Kenntnisse mittels Quizbogens zu testen.

INFOS

RESTAURANT & PENSION MITTLERER BALMBERG

Melanie Hauswirth
Fredy Boillat
Mittlerer Balmberg 11
4524 Balmberg
Telefon 032 637 15 30

ÖFFNUNGSZEITEN

Montag geschlossen
Dienstag 11 bis 23.30 Uhr
Mittwoch bis Samstag
9 bis 23.30 Uhr
Sonntag 9 bis 20 Uhr

Wildtiere, ihre Spuren und das Quiz

«Welchen Tieren kann man hier denn mit etwas Glück begegnen?», will Louis wissen.

«Vor allem Gämsen.» Huberta zeigt zur gegenüberliegenden Berglehne. «In der Waldlichtung dort drüben und auch etwas weiter unten, am Waldrand, kann man sie zur Dämmerungszeit, und wenn das Wetter ändert, oft beobachten. Aber auch Rehe, Füchse und sogar Dachse kommen hier zahlreich vor. Und wie bereits erwähnt, jagt hier auch der Luchs. Um den zu Gesicht zu bekommen, braucht es allerdings sehr viel Glück.»

Sie zieht ein paar Papierbogen aus ihrem Mäppchen und legt sie ihren Gästen hin. «Ich habe hier ein kleines Quiz mitgebracht. Ihr seht darauf fünf Säugetiere sowie ihre Spuren. Allerdings ist alles ein bisschen durcheinandergeraten. Aufgabe ist es, jedem Tier seine Spur zuzuordnen. Je ein ausgestopftes Exemplar dieser fünf Tiere könnt ihr übrigens in der Gaststube, im Entrée und auf dem Vorplatz bestaunen. Muss leider weiter, zusammen mit Gipsi. Die Pflicht ruft. Werden uns aber am Mittag, während des Härdlütlifests, wiedersehen. Bin auf die Lösungen gespannt!»

Huberta steht auf. Gipsi setzt sich seinen Hut auf.

«Und die Geschichte mit deinem Namen, Huberta?», erinnert Louis sie etwas scheu und doch überraschend bestimmt. «Die bist du uns noch schuldig. Bitte!»

Die Jägerin lächelt ihm verständnisvoll zu. «Du hast vollkommen recht, Louis, das bin ich tatsächlich noch. Musst entschuldigen, habe im Moment wirklich nicht mehr daran gedacht.

Moment!» ruft sie Gipsi zu, der bereits draussen auf der Strasse steht. «Komme gleich. Versprochen ist versprochen. Nur ein paar Minuten noch!» Sie setzt sich zum Jungen hin und schaut geheimnisvoll in die Runde. «Zuerst mal ganz unter uns: Ich hiess nicht immer Huberta. Als Jugendliche und junge Erwachsene nannte man mich Artemis, nach der griechischen Göttin.»

Von Artemis zu Huberta

«Ich war schon als Kind flinker, beweglicher, in vielem geschickter und leider auch frecher als mancher Knabe meines Alters. Später, nachdem in mir die Leidenschaft für die Jagd erwacht war, auch treffsicherer als viele Mitjäger. Ausserdem entdeckte ich in mir geheimnisvolle Kräfte, die andere nicht besassen. All dies führte dazu, dass mich die Härdlütli Artemis nannten. Dies umso mehr, als ich mich, wie die griechische Göttin, wild, unbezähmbar und zunehmend auch arrogant und selbstherrlich aufführte. Ich fühlte mich besser als die anderen, schöner, wichtiger …!

Die Jagdgöttin wird meistens mit Pfeil und Bogen, Zypresse und Wermutkraut dargestellt. Ihr Wermutkraut wurde bei mir zum Wermutstropfen. Mein Lebenswandel und mein Jagdverhalten zeigten nur allzu deutlich, wohin ein Mensch geraten kann, der sich in seinen Möglichkeiten, Privilegien und der Zügellosigkeit überschätzt und verliert. Mein Jagen verkam zu leichtsinnigem Zeitvertreib, Selbstzweck und purer Belustigung. Ich hatte die Frage nach dem Guten und Schönen in Gottes Schöpfung vergessen.

Viele setzen Artemis mit der Hexengöttin Hekate gleich. Ich eiferte ihr auch in dieser Beziehung begeistert nach und verzauberte in meiner Blindheit mit meinen geheimnisvollen Kräften und teuflischen Verführungskünsten eine bis anhin

herzensgute Bäuerin nach dem Tod ihres Mannes in eine gottlose Wetterhexe und stürzte damit die Familie erst recht ins Elend!»
Huberta hält einen Moment inne und sieht die gespannten, fragenden Blicke alle auf sich gerichtet. Ihre zerfurchte, knubbelige, in Falten gelegte Haut vibriert, der sonst so gutmütige Schalk in den Augen ist bitterem Ernst gewichen. Dann fährt sie mit leiserer, dafür umso nachdrücklicherer Stimme fort:
«Ich weiss nicht, wie weit es mit mir und der bemitleidenswerten Bäuerin samt ihren Kindern noch gekommen wäre, wenn da nicht eines Tages, nach langer Pirsch, plötzlich ein prächtiger Hirsch regungslos vor mir gestanden wäre. Schon hob ich das Gewehr und setzte zum Schuss an. Da erblickte ich zwischen seinen Geweihstangen ein strahlendes Kreuz. Gleichzeitig ermahnte mich eine rätselhafte, mystische Stimme, neben meinen egoistischen und weltlichen Vergnügungen das ewige Leben nicht zu vergessen. Von diesem unerwarteten Blitz der Erkenntnis getroffen, sackte ich wie ein ertapptes Kind zu Boden und weinte.
‹Hubertus, genau wie der heilige Hubertus!›, riefen meine Mithärdlütli, als ich ihnen von der sonderbaren Begegnung berichtete. ‹Ihm, dem Erstgeborenen des Herzogs Bertrand von Toulouse und späteren Pfalzgrafen von Burgund, der nach dem frühen Tod seiner Geliebten Ablenkung in einem ausschweifenden Lebenswandel suchte, erschien ebenfalls ein Hirsch mit einem Kruzifix im Geweih!›
Die ersten Schritte nach meinem heilsamen Erlebnis galten selbstverständlich der von mir verhexten Bäuerin. Ich begab mich also zu ihr, nahm die Wetterpfanne, die ich ihr einst aufge-

schwatzt hatte, vom Gestell, leerte Wasser hinein und setzte sie aufs Herdfeuer. Sofort begann es darinnen zu pfeifen und sausen, zu brodeln und brausen, zischen und fauchen. Über dem Gehöft ballten sich schwarze Gewitterwolken zusammen. Donner grollten, Blitze durchzuckten den Himmel, baumnussgrosse Hagelkörner fielen herab und begruben Äcker und Matten unter einer eisigen Decke. Dann rumpelte die Wetterhexe durch den Kamin herab, packte die Pfanne und warf sie durch die offene Tür hinaus ins Freie. Sofort hörten Hagel, Blitz und Donner auf. Nun stellte sie sich gegen mich. Ich streckte ihr das Kreuz entgegen. Da erging es ihr wie mir: Sie sackte zu Boden und weinte. Der böse Geist aber wich aus der Bäuerin und floh auf Nimmerwiedersehen.»

Die Jägerin schaut lächelnd in die Runde. «Ja, so war es», bekräftigt sie. «Seither heisse ich Huberta und versuche, dem Schutzpatron der Jäger auch im Guten nachzueifern.»

Wanderroute 1

Balm – Ruine Balm – Alte Balmbergstrasse – Restaurant Mittlerer Balmberg

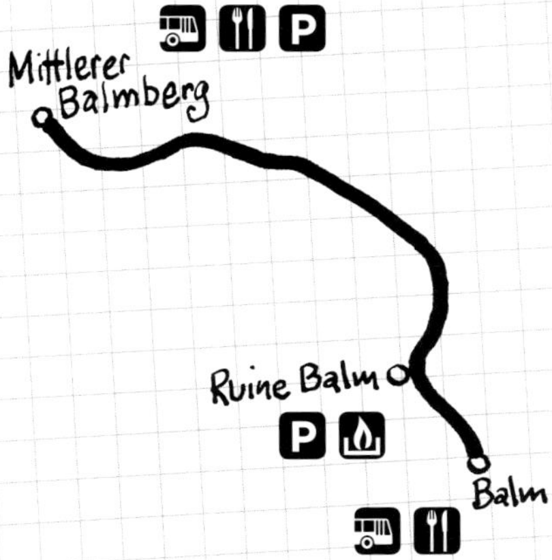

Routenverlauf	Höhe m ü. M.
Balm	655
Ruine Balm	683
Mittlerer Balmberg	982

Wanderzeit

1 Stunde

Bemerkungen und Informationen

Breiter, gut begehbarer Wanderweg (ehemaliger Säumerweg) mit zum Teil sehr starker Steigung.

AUF VERSCHLUNGENEN PFADEN

Der Balmberg, die Oase für Ruhe und Erholung, der Erlebnisberg für Sommer und Winter sowie Ausgangspunkt für zahlreiche Wanderungen, Exkursionen und Alpaka-Trekking-Touren.

Vom Mittleren bis zum Oberen Balmberg ist es nur ein Katzensprung. Der Wanderweg schneidet die spitzen Kehren der während des Zweiten Weltkrieges erbauten Neuen Balmbergstrasse elegant ab und führt in direkter Linie zum Kurhaus hinauf. Keine Viertelstunde nach Gipsis und Hubertas Verabschiedung stehen Hüli und die Rohrbachs vor dem stattlichen Gebäude mit bewegter Vergangenheit, unter dem steilen Abriss der Rötifluh.

Im Jahre 1900, am selben Ort, an dem sich bereits mehr als 70 Jahre zuvor Kurgäste in einer bhäbigen Sennerei notlindernder Schotten- und Molkenkuren erfreuten, von den Herren Gaston von Sury und Max Alter für Lungenkranke erbaut, wurde es 20 Jahre später vom Kantonalverband Solothurnischer Krankenkassen übernommen, ausgebaut und mit einem Kinderheim ergänzt. Später entwickelte es sich von einem einfachen Hotel zu einer Wohlfühloase mit Seminarangeboten unterschiedlichster Art.

«Wie kamen denn die Kurgäste hier hinauf?», will Lara wissen.
«Dumme Frage!» Louis schüttelt mitleidig den Kopf. «Liegt doch auf der Hand, Schwesterchen. Mit dem Postauto selbstverständlich oder mit dem eigenen Wagen.»
«Ach, wie klug du immer sein willst!», wehrt sich Lara. «Ich meine natürlich vor dem Bau der neuen Strasse.»
«So dumm ist die Frage nun tatsächlich nicht», schaltet sich Hüli ein. In den Anfängen wurden die meist gut betuchten Gäste auf Sänften hier heraufgetragen oder auf Pferderücken zu den Bädern geführt. Postautos nahmen erst nach dem Bau der neuen Strasse ihren Betrieb auf. Und zwar von Anbeginn bis heute unter der Regie der Familie Flury. So bediente Robert Flury, der Urgrossvater des heutigen Betriebsleiters des Postautounternehmens, Mario Flury, bereits in den Zwanzigerjahren des vorigen Jahrhunderts die Strecke Solothurn – Rüttenen – Balm – Günsberg mit einer Pferdekutsche.»

Wintersport

«Und seit wann besteht dieser Skilift dort?», fragt Louis nun seinerseits. Dabei zeigt er auf die Talstation des Bügellifts hinter dem Kurhaus.
«1963 wurde der Kälenlift, wie er heisst, als erste der heute bestehenden Anlagen gebaut», erklärt Hüli. Jetzt kannst du selber rechnen! Das 40-Jahre-Jubiläum ist also längst vorbei. Später kamen die Beleuchtung für das Nachtskifahren, der Rötilift, der Kinderlift und die Verlängerung Kählenlift – Bödelilift hinzu. Der Balmberg hat sich in all den Jahren auch im Winter zu einem kinderfreundlichen Hausberg für die ganze Familie entwickelt. Selbst die Skischule, vor allem

Von links:
Beat Baumgartner, Christian Schiltknecht, Marcel Flury, Mario Flury (Inhaber), Kurt Wahlen

POSTAUTO FLURY

Seit bereits vier Generationen verbindet PostAuto Flury Solothurn mit der Region Balm, Günsberg und Oberbalmberg. Mit dem Postauto fahren Pendler, Schüler, Berufstätige wie auch Touristen, Wanderer und Wintersportler. PostAuto Flury hat von Beginn (1923) an – damals noch mit der Pferdekutsche – die Mobilität und Erreichbarkeit in der Region entscheidend mitgeprägt. Bis heute erreichen Fahrgäste unabhängig von der Wetter-situa-tion sicher und bequem ihren Zielort.

Heute wird das Unternehmen von Mario Flury geführt, der selbst für die Instandhaltung der Fahrzeuge zuständig und als gelernter Lastwagenmechaniker mit anschliessendem Ingenieurstudium HTL Automobiltechnik ausgebildet ist.

Ausführliche Informationen zu Geschichte und zum Unternehmen finden Sie im Internet.

INFOS

Mario Flury
PostAuto-Unternehmer
Niederwilstrasse 4
4525 Balm b. Günsberg
Mobile 079 542 81 86
Telefon 032 637 01 82
Fax 032 637 11 04
info@postautoflury.ch
www.postautoflury.ch

Im Postauto finden Sie «Wissenswertes entlang der Balmbergstrecke»

Balmberg
PostAuto
DIE POST

von Kindern rege besucht, gibt es bereits seit über 40 Jahren.
Und wie anderswo auch erliegen in unserer Region immer mehr Wintersportler der Faszination Schneeschuhwandern. Dies erstaunt wenig, denn der Jura hat dafür geradezu ideale Voraussetzungen. Die Skischule Balmberg bietet sowohl Schneeschuhvermietung als auch verlockende Tourenangebote an…»

Die Alpakas und das Tannenheim

Lara, vom Skifahren ohnehin nicht sonderlich angetan, hat inzwischen die nebenan weidenden sonderbaren Tiere entdeckt und sich ihnen während Hülis Ausführungen neugierig genähert. Filou und Mèche strecken ihr über den Weidezaun den wuscheligen Kopf entgegen und schauen die kleine Besucherin mit ihren grossen, wehmütigen Augen an. Lara weicht vorsichtshalber einen Schritt zurück und ruft nach ihren Eltern. Filou, durch den schrillen Ton erschreckt, wirft den Kopf in die Höhe, dreht ihn einmal nach links, dann nach rechts, sprengt davon, schlägt einen Bogen und kehrt zögernd zu seinem Artgenossen zurück. Der erst kürzlich geschorene Mèche hingegen weicht keinen Schritt von der Stelle. Mit seinen Plüschbeinen und dem voluminösen Kopf im Verhältnis zum schmächtigen Körper wirkt er wie aus Pfeifenputzern gebastelt. Er reckt der sich ihm wieder nähernden Lara seine mit Speichel verschmierte Nase entgegen.
«Keine Angst, Alpakas spucken nicht!», beruhigt der inzwischen herangetretene Hüli die Kleine und fährt Mèche liebevoll über den flauschig struppigen Kopf. «Alpakas sind Wiederkäuer, weisst du, überaus gutmütig und zutraulich.

Wirst dich bald in sie verlieben, davon bin ich überzeugt, denn den Rest des Vormittag werden wir mit ihnen zusammen verbringen.»
«Nicht im Seilpark?», fragt Louis sichtlich enttäuscht.
«Oder allenfalls auch im Seilpark», ergänzt Hüli. «Dies ist je nach Wunsch selbstverständlich auch möglich. Beides aber liegt nicht drin. Dafür reicht unsere Zeit nicht.»
«Ich will in den Seilpark!», stellt Louis unmissverständlich klar. «Das habe ich mir zum Geburtstag gewünscht, und darauf habe ich mich auch am meisten gefreut!»
Die darauf folgende kurze Auseinandersetzung endet in einem Kompromiss. Hüli vertraut Louis seinem Freund und Seilparkexperten Adrenalini an und unternimmt mit dem Rest der Familie die vorgesehene kleine Trekking-Tour mit den Alpakas.

Während also Adrenalini Louis mit Sicherheitsausrüstung und Instruktionen in das luftige Erlebnis des Seilparcours einführt, stellt Hüli Lara und ihren Eltern Mèches und Filous Kumpane vor: Hercules, Wisschopf, Apollon, Edi, Bruni, Bläcky und Schäggu. Lara kann sich die Namen nicht alle merken, hat sich aber im Stillen bereits für Schäggu entschieden: ein mehrfarbig geschecktes Tier mit treuherzigen, dunklen Kulleraugen, das sie neugierig und liebevoll anstarrt, als wolle es ihr kundtun: «Wähle mich, du wirst es nicht bereuen. Ich werde dir ein treuer und ergebener Begleiter sein.»
«Die Tiere gehören zum Tannenheim da drüben», erklärt Hüli. «Das Haus eignet sich ausgezeichnet für Seminare, Workshops, Vereins- und Familienanlässe sowie Gruppen- und Klassenlager. Und

Neugieriger Blick ins Mittelland.

seit Kurzem eben auch für Alpaka-Liebhaber. Ein langjähriger Wunsch des Besitzerehepaars übrigens, den sie sich schlussendlich erfüllten. Diesen Schritt haben sie, so versichern sie mit Nachdruck, noch keine einzige Minute bereut. Schaut sie an, diese kamelartigen, anspruchslosen Tiere! Wer sich auf sie einlässt, kommt von ihnen nur schwer wieder los.

Wie bei allen Kamelen ist ihr Körperbau durch schlanke Beine, einen langen, dünnen Hals und einen dreieckigen Kopf charakterisiert. Sie sind etwas kleiner als Lamas und deutlich leichter. Die Farben der Tiere reichen von Weiss über Beige zu allen Braun- und Rotbrauntönen bis hin zu Grauabstufungen und Tiefschwarz. Ausser-

dem gibt es mehrfarbig gescheckte Tiere in vielen Variationen.
Die Alpakas sind sogenannte Schwielensohler. In Europa schätzt man die ruhigen und friedlichen Paarhufer als Haus- und Begleittiere. Zunehmend werden sie auch in der tiergestützten Therapie eingesetzt. Alpaka-Trekkings entpuppen sich für mich mehr und mehr als die ideale Form, interessierten Menschen Geheimnisse und Natur meines geliebten Berges näher zu bringen. Ich bin daher besonders stolz, euch heute persönlich führen zu dürfen. Ihr werdet sehen: In Begleitung der Alpakas nehmen wir Menschen uns unterwegs noch viel intensiver als Teil der Schöpfung wahr und finden dadurch in Wertschätzung und Respekt unseren ganz persönlichen Weg zu innerer Ruhe und Zufriedenheit …!»

Mit sanftmütigen Schwielensohlern unterwegs

Wie wahr Hülis Worte sind, zeigt sich schon bald. Nach einer kurzen, aber eindrücklichen Einführung und der gemeinsamen Halfterung der Tiere geht es los, über die sanft gewellte Jurahöhe dahin. Zur Rechten das Mittelland, zur Linken das Tal und die zweite Jurakette mit Mausenberg, Vorder Brand und Tannmatt. Hüli mit Hercules weist den Weg. Ihm auf den Fersen folgen Lara mit Schäggu und, schon bald etwas zurückgefallen, Mutter Anna mit Mèche und Vater Thomas mit Apollon. Hüli verlässt den breiten Wanderweg und biegt links in einen schmalen, kaum erkenntlichen Fussweg ein. «Mein Lieblingspfad», verrät er, «mein Weg zum Paradies!» Und wirklich, keine Viertelstunde später, nach der Durchquerung eines lichten Waldes, bleibt er unter einer knorrigen Wettertanne stehen

FERIENHEIM TANNENHEIM

Der Balmberg mit seiner reichhaltigen Flora und Fauna ist ein ideales Ausflugs-, Ski-, Kletter- und Wandergebiet für Jung und Alt. Wer etwas ganz Spezielles erleben will, bucht ein Trekking mit Alpakas. Neun neugierige, anpassungsfähige Tiere namens Apollon, Hercules, Edi, Mèche, Filou, Bruni, Bläcky, Wisschopf und Schäggu freuen sich, wenn sie mit Ihnen bald auf Tour dürfen. Es werden Trekkings von ein, zwei und drei Stunden oder mehr angeboten, und das zu jeder Jahreszeit. Auf Wunsch sind auch zweitägige Touren möglich.

Das Ferienhaus Tannenheim wurde 1938 als Kinderheim erbaut und zirka 40 Jahre zu diesem Zwecke genutzt. Seit 1990 wird es nun als Gruppenhaus vermietet. Es liegt auf 1070 m ü. M. auf der ersten Kette im Solothurner Jura.

Das Haus ist einfach eingerichtet, strahlt eine gemütliche Atmosphäre aus, hat 38 Betten und ist geeignet für Workshops, Musiklager, Klassenlager, Seminare, Familienfeste und Ferien.

INFOS

ALPAKA-TREKKING

4524 Balmberg
www.alpaka-balmberg.ch
info@alpaka-balmberg.ch
Mobile 078 929 97 67

FERIENHAUS TANNENHEIM

Telefon 032 637 12 83
Telefon 032 637 26 64
bucheliryf@bluewin.ch
www.balmberg.ch/tannenheim

Ueli Walker

BERGRESTAURANT STIERENBERG

Auf dem Stierenberg sömmern von Juni bis Mitte September ungefähr 80 Rinder. Sie werden vom Hirten Ueli Walker betreut. Nebenbei betreibt er die urchige «Besenbeiz». Eigentümerin ist die Alpgenossenschaft Stierenberg.

Das Restaurant hat eine gegen Süden gerichtete Terrasse mit einer fantastischen Aussicht auf das Alpenpanorama. Hier können Sie bei währschaften Zvieri-Plättli und köstlichen Getränken Sonne tanken, von morgens früh bis abends spät.

INFOS

RESTAURANT STIERENBERG

Telefon 032 637 25 17
Mobile 079 636 40 38

ÖFFNUNGSZEITEN

Täglich ab 13 Uhr
Sonntag ab 10 Uhr
Freitag geschlossen

Aussicht vom Stierenberg.

und zeigt nach vorn. «Schaut euch das mal an!», fordert er seine Gäste auf. «Ist dieser Anblick nicht himmlisch? Hier könnte ich stundenlang stehen und staunen und würde niemals satt.»

Eine Blumenwiese von seltener Vielfalt und Leuchtkraft breitet sich vor ihnen aus. Bienen summen, Wasser plätschert und gurgelt, das Gras wiegt sich in der sanften Brise.

«Ein Ort zum Träumen», erklärt Hüli. «Hier wachsen Pflanzen und Blumen, die sonst kaum noch in der Gegend zu finden sind. Vor allem der Orchideenreichtum ist erstaunlich. Man findet hier Händelwurz, Frühlingsknabenkraut, Fliegen- und Kugelorchis, Hohlzunge, die betörend riechende Waldhyazinthe, das blasse Waldvögelein und die kleine, unscheinbare Moosorchis. Aber auch sonst ist die Artenvielfalt verblüffend. Unter vielen anderen gedeihen hier das Katzenpfötli und die Teufelskralle, die Akelei und der Jura-Bärenklau, die Graslilie und das Gefleckte

Knabenkraut. Sogar den grossen, giftigen Weissen Germer kann man hier beobachten. Er kommt nur noch ganz selten vor, weil ihn die Bauern früher ausgruben, um ihre Tiere vor der giftigen Pflanze zu schützen…»

Das Bergrestaurant Stierenberg

Hüli führt sie an einer Trockenmauer vorbei hinter der Brönnte Fluh, einer Ausläuferin der Chamben, durch, zum Bergrestaurant Stierenberg: eine urchige Gaststätte mit dem noch urchigeren Hirten Ueli. Er empfängt sie mit einem willkommenen Apéro. Während sich Anna und Thomas mit ihm unterhalten und viel Wissenswertes über seine Arbeit erfahren, verweilt sich Lara mit Schäggu.

Bald gesellt sich Hüli, dem Laras besondere Zuneigung zu den Alpakas sofort aufgefallen ist, zu ihr und lächelt: «Schön, einen Freund wie Schäggu zu haben, nicht?»

«Und wie!» Laras leuchtende Augen sprechen Bände.

«Wo kommen sie eigentlich her?», fragt sie.

«Meinst du unsere Alpakas hier?»

«Nicht nur. Ich meine überhaupt, ganz allgemein.»

«Aus den südamerikanischen Anden.» Hüli setzt sich neben Lara auf einen Stein. «Über ihre Entstehung erzählen sich die Indios folgende Geschichte: In einer Zeit vor unserer Zeit gab es nur die Ahnen. Sie lebten in ewiger Dunkelheit, da es die Sonne noch nicht gab. Sie züchteten Vikunjas und nannten sie Alpakas. Die Guanakos waren ihre Lamas. Die Wildformen Guanako und Vikunja durchstreifen übrigens die Anden noch heute. Eines Tages nun, im Jahre ‹eins›, ging die Sonne auf und versengte die Haare der Vikunjas. Die

Ahnen flüchteten unter die Erdoberfläche, damit sie nicht verbrannten. Dort leben sie heute noch. Die ersten Alpakas der Ahnen waren ausschliesslich schwarze, weibliche Tiere. Die Ahnen kreuzten sie erst sehr spät mit den Vikunjas. Aus dieser Kreuzung entstand ein Tier von heller Farbe wie Asche.
Als die Zeit der Ahnen vorbei war, weil die Sonne aufgegangen war, versteckten sich die Alpakas in der Erde, indem sie durch verschiedene Wasserstellen hinabstiegen. Einige verwandelten sich aber auch in Steine. Erst zu Beginn des jetzigen Zeitalters kamen sie durch Teiche und Quellen wieder an die Erdoberfläche.
Wer also noch keine eigenen Tiere besitzt und sich nicht zwischen Lamas und Alpakas entscheiden kann, dem hilft vielleicht die Vorstellung der Indios, dass es dem Menschen vorbestimmt ist, welche Tierart er halten soll. Er braucht nur loszuziehen und die in Steine verwandelten Tiere zu suchen. Findet er einen Stein, der eher einem Lama gleicht, so wird er Lamazüchter, sieht der Stein einem Alpaka ähnlicher, so wird er Alpakahalter.»
«So hast du also einen Stein gefunden, der einem Alpaka gleicht?», fragt Lara.
«Nein», Hüli winkt ab. «Ich bin ja auch nicht Alpakazüchter. Weiss aber, dass früher bei den Inkas die weissen Tiere der Sonne und die rotbraunen dem Schöpfergott Virachocha geweiht waren. Die schwarzen hingegen halfen in Krisenzeiten. Und noch heute übrigens betrachten die Indios Pachamama, die Mutter aller Menschen und anderen Lebewesen, als Eigentümerin der Lamas und Alpakas. Sollten sie die Tiere jedoch schlecht behandeln, kann Pachamama sie jederzeit zurückfordern!»

PFLANZEN BALMBERG-WEISSENSTEIN

Das Gebiet Balmberg-Weissenstein erfreut sich einer überdurchschnittlichen Artenvielfalt. Eine kleine Auswahl, geordnet nach Standort und Jahreszeit.

Oben: Gemeine Akekelei (Aquilegia vulgaris).

Unten von links: Kleiner Wiesenknopf (Sanguisorba minor), Weisser Germer (Veratrum album), Frühlings-Enzian (Gentiana verna).

Seiten 62/63: Bach-Nelkenwurz (Geum rivale).

BERGWALD (BUCHEN-/TANNENWALD)

Buche *Rotbuche, Fagus sylvatica*
Tanne *Weisstanne, Abies alba; nicht Fichte oder Rottanne*
Bergahorn *Acer pseudoplatanus*

SONNIGE, ARTENREICHE HEUMATTEN UND WEIDEN

FRÜHLING

Frühlings-Schlüsselblume *Primula veris*
Stattliche Orchis *Orchis mascula*
Blätter der Herbstzeitlose *Colchicum autumnale*

SOMMER

Aufrechte Trespe *Bromus erectus*
Gelber Enzian *Gentiana lutea*
Stängellose Silberdistel *Carlina acaulis*
Stängellose Kratzdistel *Cirsium acaule*
Echter Wundklee *Anthyllis vulneraria*
Hufeisenklee *Hippocrepis comosa*
Langspornige Handwurz *Gymnadenia conopsea*

HERBST

Blüte der Herbstzeitlose *Colchicum autumnale*
Gefranster Enzian *Gentiana ciliata*

SONNIGER WALDSAUM

Jura-Bärenklau *Heracleum sphondylium ssp. juratense*
Türkenbund *Lilium martagon*
Gemeine Akelei *Aquilegia vulgaris*
Echter Baldrian *Valeriana officinalis*

ZWISCHEN HIMMEL UND ERDE

Abenteuer und Erlebnis in luftiger Höhe. Mit Mut und Geschicklichkeit von Plattform zu Plattform, von einem Adrenalinkick zum andern. Louis erliegt der Faszination des Seilparks ab der ersten Minute.

Louis ist derweil längst der Faszination des Seilparks erlegen. Nach einer kurzen Einführung in die Grundregeln des korrekten Kletterns und ausgerüstet mit Gestältli und Handschuhen hat ihn Adrenalini auf die nervenkitzelnde Abenteuerreise geschickt, ohne den Jungen jedoch auch nur eine Sekunde aus den Augen zu lassen. Zur kompletten Ausrüstung gehören darüber hinaus noch zwei Karabinerhaken, wovon einer immer am Sicherungsseil verankert bleiben muss. Dies hat zu Folge, dass sich der Kletterer niemals ungesichert in luftiger Höhe befindet. Sicherheit ist oberstes Gebot. Zu guter Letzt hat unser Seilparkabenteurer auch eine Tyrolienne bei sich, mit der er von verschiedenen erhöhten Plattformen an Seilrollen Richtung Erde oder zum nächsten Fixpunkt sausen kann.
Adrenalini hat sich unter den sieben möglichen Parcours unterschiedlichster Schwierigkeitsstufen für die beiden grünen eins und zwei entschie-

››› 5

SEILPARK

Sieben Parcours mit verschiedenen Schwierigkeitsgraden bieten Erlebnis und Herausforderung für Outdoorfans, Familien, Gruppen und Vereine. Testen Sie Ihren Mut und Ihre Geschicklichkeit in der freien Natur.

Vorkenntnisse sind keine nötig, Sie erhalten Ihre persönliche Sicherheitsausrüstung und eine Instruktion durch unser Personal. Bereits Kinder ab vier Jahren sind dank einem speziellen Sicherungssystem dabei. Beweglichkeit, Konzentration und Überwindung werden gefördert.

Mit seinen 160 Plattformen ist der Seilpark Balmberg der grösste der Deutschschweiz, der 200 Kletterern gleichzeitig Platz bietet. Nervenstarke erklettern Höhen bis zu 20 Meter, Seilbahnfahns sausen über die bis zu 100 Meter langen Tyroliennes.

INFOS

SEILPARK BALMBERG
4524 Balmberg
Telefon 032 637 14 14
Telefon 032 637 25 17
Mobile 079 636 40 38
www.seilpark-balmberg.ch

ÖFFNUNGSZEITEN
Ab April bis Oktober täglich von 9 bis 20 Uhr geöffnet.

ANMELDUNG
ab 4 Personen

den. Sie bieten Spass und Herausforderung für mutige Ersteinsteiger und erreichen bereits Höhen von bis zu zehn Metern.
Für Louis genau das Richtige. Zitterten dem Jungen anfänglich noch die Knie, wich das mulmige Gefühl im Magen schon bald einem bis anhin unbekannten Hochgefühl. So arbeitet er sich denn von Plattform zu Plattform, klettert an Strickleitern hoch, balanciert über Stege und Brücken und hangelt sich von Baum zu Baum. Unbeschreiblich, wenn man mit leichtem Schwindelgefühl sich Schritt um Schritt eine weitere Stufe nach oben kämpft und sich trotz Höhenangst immer weiter vom Waldboden entfernt.
«Brrämseeh!», ruft Adrenalini zwischendurch dem Buben zu, wenn der, am Karabinerhaken hängend, allzu übermütig unterwegs ist. «Mit de Händsche as Seili!», präzisiert er kurz darauf. Und auch das braucht Mut.

Ein Seilpark mit grandioser Aussicht

Das Waldstück, das unweit des Kurhauses Balmberg für den Seilpark in Beschlag genommen wurde, erstreckt sich nicht über eine riesige Fläche, liegt aber idyllisch auf der Krete der ersten Jurakette, mit herrlichem Ausblick übers Mittelland. Trotz seines überschaubaren Ausmassses ist er mit seinen 160 Plattformen der grösste seiner Art in der Deutschschweiz. Auffallend und für Adrenalini von grosser Bedeutung ist, dass die Plattformen und Hindernisse zwar alle an Bäumen befestigt sind, Letztere jedoch nirgends durch Nägel oder Schrauben beschädigt wurden. Die diversen Kletterhilfen wurden nämlich allesamt nur mit der Zugkraft von Stahlseilen und mittels Holzleitern in luftiger Höhe befestigt.

Auch wenn der Einsatz der Tyrolienne nicht immer vorgesehen ist, verbietet niemand deren Zuhilfenahme. Zugegeben, elegant sieht dies nicht immer aus. Aber der Zweck heiligt ja bekanntlich die Mittel, und Stilnoten werden wohlweislich keine vergeben. Doch Adrenalin-Highlights sind diese Tyroliennes allemal. Von einer Plattform an einer Seilrolle in Richtung Boden zu donnern, verlangt so oder so eine gehörige Portion Courage. Also Luft anhalten, ein Stossgebet zum Himmel schicken, fröhlich grinsen, und ab geht die Post!
Louis jedenfalls beendet sein Programm mit geröteten Wangen, pochendem Herz und strahlenden Augen. Wenn er auch die anspruchsvollen Parcous noch nicht absolvieren durfte und konnte, so bleibt ihm doch die Erkenntnis, dass Ängste überwunden werden können und der eigene Körper mehr erträgt als bisher angenommen. Und den schwarzen Parcours mit dem höchsten Schwierigkeitsgrad, den spart er sich als ultimatives Highlight für später auf. Davon ist er am Ziel seines unvergesslichen Abenteuers felsenfest überzeugt.

DER FEUERTANZ

Die Härdlütli beginnen zu klatschen, formieren sich zu einem weiten Kreis. Die Musik steigert sich zu einem mitreissenden Crescendo. Die Tanzenden beschwören Sonne und Erde. Virgo löst sich von Fabula. Sie entlässt ihn gleichsam in einen neuen Lebensabschnitt.

Der vereinbarte Treffpunkt zum Mittagslunch entpuppt sich als Festplatz. Dutzende von Härdlütli in bunter Tracht tummeln sich rund um einen riesigen, an einem Dreibein über offenem Feuer hängenden Topf. Darin rührt zu Louis' Erstaunen keine Geringere als Huberta, die Jägerin und geläuterte Hexenmeisterin höchstpersönlich. Er schaut sich suchend um, kann wohl einige exotisch anmutende Nicht-Härdlütli ausmachen, die Seinen aber findet er nicht.

«Sie werden bald da sein», beruhigt Adrenalini und stellt ihn einem besonders herausgeputzten Härdlütliknaben in perfekt sitzender Tracht vor: «Virgo, der Name eines von uns verehrten Heiligen. Er half bei der Erschaffung unseres Planeten mit und hütet nun dessen heilige Kraft. Virgo feiert heute Geburtstag. Er wird zehn Jahre alt, genau wie du. Ein bedeutender Tag im Leben eines Härdmannlis oder Härdfrauelis.»

Adrenalini lächelt Louis freundlich zu. «Und hoffentlich auch für dich!»

Louis' Freund

Virgo und Louis verstehen sich auf Anhieb. Noch bevor Hüli mit den Eltern und Lara auftaucht, weiss Louis fast alles über die Härdlütlitracht: Hose oder Jupe in Schwarz, Hemd oder Bluse in Grün. Dazu ein roter Schal, keck um den Hals geschlagen oder salopp um die Hüfte gebunden. Schwarz, Grün, Rot: die Farben der Härdlütli.
«Schwarz symbolisiert die geheimnisvolle Unterwelt, aus der wir kommen», erklärt Virgo mit einer Überzeugung und Selbstverständlichkeit, als hätte er sich schon ein Leben lang damit befasst. «Grün die Natur, mit der und für die wir leben, und Rot steht für unsere Leidenschaft, das Gute in ihr und im Menschen zu erhalten und zu fördern.»
Louis staunt. Virgo macht seinem Namen alle Ehre. Seine Worte zeugen von einer Weisheit und Reife, die weit über sein Alter hinausreichen. Er, Louis, hat sich jedenfalls bis anhin noch nie ernsthaft Gedanken über solch grundlegende Lebensfragen gemacht.

Hüli und die Rohrbachs erscheinen spät, dafür aber umso zufriedener. Lara ist sichtlich enttäuscht, dass ihre überschäumende Begeisterung bei ihrem Bruder, der sich noch immer eifrig mit Virgo unterhält, kein Gehör findet. Gipsi, als hätte er ihre Enttäuschung geahnt, steht wie aus dem Nichts plötzlich vor ihr, heisst sie und ihre Eltern mit seinem ansteckenden Strahlen im Gesicht am Fest herzlich willkommen und überreicht ihr eine Versteinerung. «Ich habe auch deinem Bruder eine mitgebracht», sagt er,

«schliesslich sollt ihr beide an diesem besondern Tag nicht leer ausgehen!»
«Hast du gut gemacht!», lobt Hüli. «Trifft sich ausgezeichnet, denn auch Louis feiert heute seinen zehnten Geburtstag.»
«Waaas!», wundert sich Gipsi. «Wenn ich das gewusst hätte, dann...»
Einfallende Musik zerstümmelt seine Worte zu unverständlichen Lautfetzen. Fröhliche, ansteckende Musik, gespielt von einem Härdlütlitrio: Ziehharmonika, Geige, Klarinette. Die Härdlütli beginnen zu klatschen und schnippen, klopfen, stampfen und hüpfen, formieren sich allmählich zu einem weiten Kreis rings um die Feuerstelle. Die Musik steigert sich zu einem mitreissenden Crescendo, Huberta am Topf hebt das Rührholz, der Tanz beginnt.

Auf zum Tanz

Die Härdlütli in ihren bunten Trachten drehen sich im Kreis und um sich selbst, beschwören mit erhobenen Armen die Sonne, preisen tief auf dem Boden kauernd die Erde, gehen ein paar Schritte aufeinander zu, ballen sich zu gemeinsamer Kraft und explodieren gen Himmel. Dann lösen sie sich wieder, die flammenden Schals zu loderndem Feuer schwingend.
Nun führt die noch rüstige Fabula anmutigen Schrittes Virgo in die Mitte der züngelnden Flammen. Sie personifiziert das lebende Gewissen der Härdlütli, ist Garantin für Tradition und Überlieferung und gibt mit ihren Geschichten und Gleichnissen Werte und Weisheiten ihres Volkes an die nachfolgenden Generationen weiter. Während vieler Jahre stand sie dem Rat der Weisen vor und schlichtete mit ihrem Charisma, ihrer Überzeugungskraft und Ausstrah-

lung manchen Streit in der Härdlütliversammlung. Noch heute wird sie gern um Hilfe und Rat gefragt.

Nun stehen sie da, die zwei Geburtstagskinder, inmitten des Kreises, umjubelt und beglückwünscht von ihrer Sippe.

Virgo löst sich von Fabula. Sie lässt ihn gehen, entlässt ihn gleichsam in einen neuen Lebensabschnitt und zieht sich bescheiden zurück. Virgo steht einen Moment bewegungslos da und sammelt sich. Dann legt er ein Tanzsolo hin, so virtuos und energiegeladen, dass selbst ein Berufstänzer hätte neidisch werden können. Nach einer letzten Pirouette erstarrt er auf einen Schlag zur Salzsäule. Gleichzeitig verstummt die Musik. Feierliche Stille legt sich über den Berg.

Nach einigen langen Sekunden, vielleicht waren es auch Minuten, hebt die Musik von Neuem an, erhaben und feierlich diesmal, wie aus einer anderen Sphäre. Hüli holt die staunenden, tief beeindruckten Rohrbachs in den Kreis. Zusammen mit den anderen Gästen drehen sie sich im Kreis. Langsam, in sinnlichen, fast mystischen Bewegungen. Und wieder vereinen sich alle in der Mitte, heben den erschöpften, aber überglücklichen Virgo hoch und tragen ihn unter tosendem Jubelgeschrei zu seinen Eltern. Der Feuertanz als Höhepunkt des Geburtstagsfestes ist vorüber.

Nun folgt das gemeinsame Mahl. Stolz und Dankbarkeit für seinen Enkel Virgo sind in Grossvater Hülis Augen nicht zu übersehen. Die beiden Freudentränen auf seinen Wangen auch nicht.

Die Geister aus dem Chuchigraben

Während Huberta mit ihren Gehilfinnen die letzten Essensvorbereitungen vorantreibt, Tho-

mas und Anna sich mit den anderen Gästen, die die Wanderung in umgekehrter Richtung erleben, unterhalten und Lara mit deren Kindern spielt, gratuliert Hüli Virgo und Fabula noch ganz persönlich zu ihrem Geburtstag und beglückwünscht gleichzeitig seinen Enkel zu dessen meisterhafter Darbietung.

Louis, der keinen Schritt von Virgos Seite weicht, bekommt anschliessend von seinem Freund noch manch Erstaunliches über Sinn und Bedeutung des Feuertanzes zu hören. Fabula, mit Hüli diskutierend und doch mit einem Ohr unauffällig Virgos Erklärungen folgend, setzt sich am Schluss von dessen Ausführungen zu den beiden Jungen hin und beginnt ihrerseits zu erzählen: «Ursprünglich diente der Feuertanz zur Stärkung des Widerstandswillens und der Entschlossenheit im Kampf gegen die bösen Geister, die damals rund um unseren Berg ihr Unwesen trieben und dies in ganz besonders dunklen Nächten vereinzelt auch heute noch tun.» Fabulas sonore Stimme fesselt. «Diese Geister hausten im Chuchigraben, einem wilden, düsteren Ort zwischen Rüttenen und Balm. Dorthin wurden die von kundigen Geisterbeschwörern aus Ställen, Scheunen, Stuben und Vorratskammern vertriebenen Unholde verbannt. Und von dort aus zog in schwülen, finsteren Nächten ihr Anführer Dürst, der wilde Jäger, mit ihnen und seiner bellenden Hundemeute durch die Gegend. In den Schluchten auf den Kreten und über den Matten unseres Berges begann es dann zu tosen. Die vom Sturm gepeitschten Tannen knarrten und bogen sich. Grollender Donner rollte heran. Auf den Berghöfen und Sennhütten verriegelte man Türen, Tor und Fenster. Selbst unten im Tal vergruben die verängstigten Leute ihren Kopf unter der Decke und beteten schlotternd ein Vaterunser.»

Der Senn vom Chrüttliberg

«Einer dieser Unholdsgeister war der Senn vom Chrüttliberg, einer lang gezogenen Bergweide, hier in der Nähe, unterhalb dieses Waldes dort, auf dem Weg nach Welschenrohr. Chueri hiess er, ein vereinsamter, verbitterter Polterer, der mit niemandem ein vernünftiges Wort reden konnte und noch weniger mit seinen Tieren. Einmal schlug er in seinem unbeherrschten Zorn sogar ein hochträchtiges Rind mit einem harten, kantigen Holz, worauf das misshandelte Tier verwarf. Ab diesem Tag lag gar kein Segen mehr auf Chueris Arbeit. Er selber begann zu kränkeln, serbelte dahin und fiel aus den Kleidern. Kein halbes Jahr später starb der bis auf die Knochen Abgemagerte einsam und verlassen in seiner dunklen Kammer.
Sein Geist aber fand keine Ruhe. Er schloss sich Dürsts Gefolge an. Und während gewisser Nächte führt er noch immer seine Rinder zur Weide. Dann hört man das Knallen seiner Peitsche und die traurigen Töne des Viehgeläutes. Da man ihn bis heute bloss nur hörte und nie sah, konnte ihn noch keiner fragen, wie er erlöst werden könnte.»
Fabula streicht den beiden Jungen mit ihren knorrigen Händen liebevoll über den Kopf. «So, nun aber trotzdem guten Appetit!»
Tatsächlich ruft in diesem Moment Huberta zum Essen: Brot mit würziger Kräutersuppe, nach altem, überliefertem Rezept. Die Jägerin verrät Anna trotz wiederholtem Nachfragen nur ohnehin schon Beaknntes: «Wägerich, Brennnessel, Sauerampfer, Frauenmantel, ja, die gehö-

ren ganz bestimmt mit hinein.» Dabei lässt sie es aber bewenden. All die übrigen Kräuter und Zutaten bleiben Geheimnis der Härdlütli.

Zum Trinken gibt es gegorenen, leicht alkoholhaltigen Waldbeerensaft. Virgo, der heute nach dem Feuertanz zu seinem zehnten Geburtstag zum ersten Mal davon trinken darf, gebührt, zusammen mit Fabula, die Ehre des ersten Schlucks. Nach freudigem, von allen Seiten widerhallendem Prost beginnt das einfache und doch so besondere Mahl.

Kurz vor dem Aufbruch taucht Gipsi wieder bei den Rohrbachs auf, wünscht noch das Spurenquiz vom Mittleren Balmberg zu sehen und überreicht dann Louis die für ihn bestimmte Versteinerung. «Wenn ich gewusst hätte ...» Wiederholt er seinen zu Festbeginn von der Musik

verschluckten Satz, «... dass auch du heute deinen zehnten Geburtstag feierst, hätte ich für dich ein spezielleres Exemplar geholt. Ich hoffe aber, diese bescheidene Muschel hier erinnere dich trotzdem noch nach Jahren an das heutige Fest.»
Er überfliegt das Quizblatt. «Gratuliere, ihr habt alle Spuren richtig zugeordnet!»
Dann verabschiedet er sich, zusammen mit den inzwischen herbeigekommenen Fabula, Huberta, Adrenalini und Virgo. Ein letzter Händedruck, ein letztes Dankeschön, dann marschiert Hüli mit den Rohrbachs los, in Richtung Weissenstein. Nur Louis verweilt noch einen Moment bei seinem neuen Freund. Erst als die Gruppe hinter der nächsten Wegbiegung verschwindet, drückt auch er Virgo die Hand und eilt den Seinen nach.
«Wenn ich das meinen Klassenkameraden erzähle, halten die mich glatt für übergeschnappt und durchgeknallt», prustet er, als er sie einholt.
«Und, wofür hältst du dich?», fragt Hüli.
Louis, von der unerwarteten Frage auf dem linken Bein erwischt, stockt einen Moment, fasst sich aber schnell wieder. «Für einen Glückspilz», sagt er dann erstaunlich überzeugt, «jawohl, für einen wahren Glückspilz!»

Der undankbare Burgunderkönig

Für eine Weile wandern sie wortlos dahin und hängen ihren Gedanken nach. Das Fest wirkt nach. Und dann, mitten in die Stille hinein, Laras Frage von ganz hinten in der Gruppe an Hüli ganz vorn: «Was bedeutet eigentlich Fabulas Name?»
Hüli verlangsamt seine Schritte, lässt Lara zu ihm aufschliessen und erklärt: »Fabula kommt von Fabulieren, weisst du. Und das kann die be-

gnadete Geschichtenerzählerin wie niemand sonst. Wahre Begebenheiten, Überlieferungen, Gleichnisse, selbst Erlebtes, Fantastereien, und oft alles zusammen zu einer eigene Geschichte vermengt, lassen einen Raum und Zeit vergessen, dafür aber Lebensweisheiten umso tiefer begreifen.
Eine ihrer Lieblingsgeschichte handelt zum Beispiel vom Balmfluhköpfli, da links oben hinter der Röti aufragend, und vom Burgunderkönig, der das Wort brach und sein Versprechen nicht hielt. Für Fabula eine zeitlose und doch so unheilvolle Untugend, die das Vertrauen untereinander zerstört und das Zusammenleben vergiftet.
Damit du besser verstehst, was ich meine, hier nur kurz in ein paar Sätzen, worum es in dieser Geschichte geht:
Da wollte also zu der Zeit, als unser Land noch zu Burgund gehörte, der König den südöstlichen Teil seines Reiches einmal von oben sehen und darum aufs Balmfluhköpfli steigen. Seine Diener aber weigerten sich, ihn auf diesem gefahrvollen Weg zu begleiten. So heuerte er drei Einheimische an: einen Jäger aus Günsberg, einen Bauern aus Flumental und den Niederwiler Geissenbuben. Gemäss ihren Wünschen versprach er dem Jäger eine Armbrust, dem Bauern einen Stier und dem Geissenbuben, der weder Familie noch Verwandte besass, nach dessen Tod während drei Jahren jeden Tag die heilige Messe feiern zu lassen. ‹Damit wenigstens nach meinem Ableben noch jemand an mich denkt!›, begründete der Jüngling seinen ungewöhnlichen Wunsch.
Nun, während des stotzigen Aufstiegs machte sich der Bauer auf halbem Weg klammheimlich aus dem Staub, und der Jäger rutschte aus und stürzte zu Tode. Nur dank des Geissenbuben

grosser Hilfe erreichte der König die Felsenkanzel auf dem Balmfluhköpfli dann doch noch. Er war von der einmaligen Rundsicht auf die Alpen und sein Reich derart begeistert, dass er das Balmfluhköpfli kurzerhand in Königssitz umbenannte und bestimmte, der ganze Berg müsse fortan seinen Namen tragen. Daraufhin führte ihn der Geissenbube behutsam wieder zu Tale. Während einer Verschnaufpause für den erschöpften König aber wurde der Junge von einer giftigen Juraviper gebissen. Der Geissenbube führte seine Aufgabe trotzdem noch tapfer zu Ende und verstarb kurz darauf. Als der König sich vom ersten Schrecken erholte hatte, erinnerte er sich seines Versprechens dem Jungen gegenüber, suchte nach tausend Ausreden und Gründen, es nicht einhalten zu müssen, und verliess die Gegend. Deshalb heisst heute weder das Balmfluhköpfli Königssitz, noch trägt unser Berg den Namen des Königs.»

Wanderroute 2

Restaurant Mittlerer Balmberg – Tannenheim – Passhöhe – Seilpark – Stierenberg

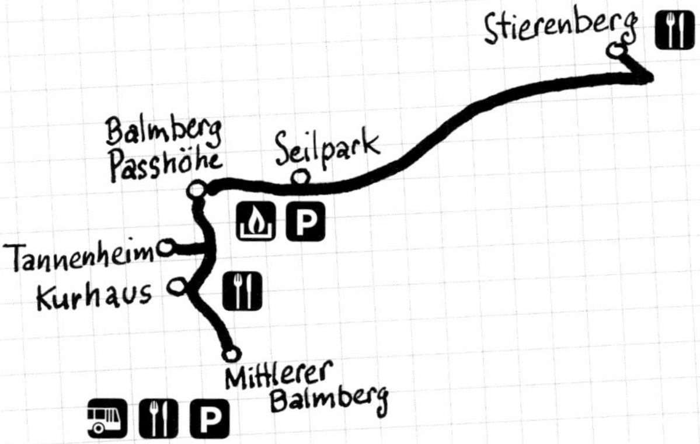

Routenverlauf	Höhe m ü. M.
Mittlerer Balmberg	992
Passhöhe	1178
Seilpark	1178
Stierenberg	1175

Wanderzeit

1 Stunde

Bemerkungen und Informationen

Kurzer Anstieg bis zur Passhöhe.
Passhöhe mit Spielwiese und Feuerstellen.
Passhöhe bis Stierenberg leicht begehbarer Höhenweg.

GRANDESSE UND MOLKENKUR

Vom Kurhaus Weissenstein aus sieht man beeindruckend viel und weit. Und noch mehr bringt seine Geschichte zutage: der liederliche Balmrys, die vorbildliche Ärztin und Mutter der Armen Barbara von Roll sowie die zahlreichen noblen Gäste aus ganz Europa und die legendäre Heilkraft der Molke. Das Museum Weissenstein erweckt die ehemalige Grandesse zu neuem Leben.

Kaum eine Stunde später empfängt das Härdfraueli Herba die Gruppe auf der weit ausladenden Sonnenterrasse des Kurhauses Weissenstein mit einem Apéro.

«Mango, Maracuja, Zitrone, Grapefruit oder doch lieber Orange?», fragt sie übermütig.

«Ich habe Molke erwartet», gesteht Anna.

«Ist es auch», bestätigt Herba. «Alles Molke! In Verbindung mit verschiedenen Frucht- und Obstsäften oder püriertem Gemüse lassen sich mit ihr ohne viel Aufwand bekömmliche fruchtige Mixgetränke herstellen: Zucker beigeben und Zitronensäure dazu mischen, alles in einem Kochtopf auf 85 Grad erwärmen, und dann ab in den Kühlschrank. So einfach ist das!»

Geheimnisvoller Schalk breitet sich über ihr Gesicht. «Nur eines schmeckt ganz anders: mein

Kräutertrunk. Eigenkreation. Dieses Rezept aber verrate ich nicht!
Für alle aber gilt: Es sind Erfrischungsgetränke mit hoher Nährstoffdichte. Sie löschen nicht nur den Durst, sondern versorgen gleichzeitig auch den Körper in reichem Masse mit den in der Molke enthaltenen Vitaminen und Mineralstoffen.»

«Wie war das Fest?», fragt sie nach einer kurzen Verschnaufspause. «Konnte leider nicht dabei sein. Zum ersten Mal. Musste hier die Festung halten!» Sie lacht breit und laut und fröhlich. «Hoffentlich mundete die Kräutersuppe. Mein Rezept!», gesteht sie stolz. «Und mein kulinarisches Kunstwerk in all den vergangenen Jahren. Bin aber überzeugt, dass Huberta mich ehrenhaft vertreten hat!»
Herba! Anna muss beim Betrachten dieses unscheinbaren und doch so selbstsicheren und eindrücklichen Erdwesens schmunzeln: klein, ausgesprochen klein, auch für Härdlütliverhältnisse. Und noch zerfurchter, noch knubbeliger, noch faltenreicher als ihre Artgenossinnen. Ein typisches Kräuterfraueli. Wohltuender Schalk strahlt aus ihren listigen Augen, die einen unweigerlich in ihren Bann ziehen, einem das Gefühl geben, angenommen und angekommen zu sein.

Die Kraft der Molke

«Ich glaubte, Molke werde zur Heilung von Krankheiten getrunken», kommt Louis auf ihre Ausführungen über die Molke zurück.
«Wird sie auch», pflichtet ihm Herba bei. «Aber eben nicht nur. Früher hingegen diente sie fast ausschliesslich zur Behandlung von Gebresten. Vor allem bei Entzündungen der Atem-, Verdau-

KURHAUS WEISSENSTEIN

Dr. Johann Carl Kottmann (1776–1851) verschaffte dem Weissenstein durch seine Molkenkuren europaweit Berühmtheit. Hier traf sich die grosse Welt. In den Gästebüchern finden sich Namen wie Alexandre Dumas, Königin Amalia von Frankreich, André Gide und Josephine de Vigier, um nur einige zu nennen.

Heute sind sowohl Tagesausflügler als auch Feriengäste und Seminarteilnehmer herzlich willkommen. Wir bemühen uns, die Gastfreundschaft so zu leben, dass sich bei uns alle wohl und willkommen fühlen.

INFOS

Telefon 032 628 61 61
kurhaus@weissenstein.ch
www.weissenstein.ch

UNSER ANGEBOT ZUM THEMA MOLKE IM KURHAUS WEISSENSTEIN:

In allen Hotelzimmern stehen Molkenseife und Molkenflüssigseife zur Verfügung.
Molkendrink auf dem Frühstücksbuffet.
Molkenfussbäder; auf Anmeldung für Gruppen ab fünf Personen möglich.

HEILKRAFT DER NATUR

Mein Wissen über die Heilkraft der Natur wurde mir in die Wiege gelegt. Meine Mutter und meine Grossmutter weckten in mir die Sinne für die Schönheiten unserer Umgebung, und ich erfuhr schon früh, wo man welche Heilkräuter findet, wie man sie sammelt und bei welchen Beschwerden sie helfen können.

Ende der 80er-Jahre lernte ich in Solothurn Schwester Pauline Felder, die bekannte Naturheilerin, Pendlerin und Buchautorin, kennen. Sie beeindruckte mich sehr, war mir Vorbild und Lehrerin.

Ich sammle meine Heilkräuter mehrheitlich im Gebiet Balmberg, verarbeite sie zu Tee, Salben und Elixieren, berate Hilfesuchende bei Beschwerden oder zur Gesunderhaltung, halte Vorträge und biete Kurse wie zum Beispiel die «Kräuterwerkstatt» an.

INFOS

Christina Flury, aufgewachsen in Solothurn, besuchte die dortige Klosterschule Namen Jesu. Weiterbildung in Psychologie, Parapsychologie, Homöopathie. Seit 2008 eigenes Beratungsbüro in Riedholz.

Christina Flury
Lindenstrasse 4
4533 Riedholz
Telefon 032 622 25 18

ungs- und Harnwege. Dass ihr Geschmack jedoch nicht jedermanns Sache war, zeigt die Aufzeichnung der Engländerin Miss Wood, die mehrmals zur Kur auf dem Weissenstein weilte:
‹Die von Flechten befallene Haut und die immer wiederkehrende Migräne wurden zur unerträglichen Qual. An einzelnen Stellen der Hände fing es an, dann eroberten die Flechten die Arme, von unten nach oben, bald auch die Unterschenkel, ergriffen die Oberschenkel, wurden fliessend und schmerzhaft. Dazu die Migräne. Das anfängliche Klopfen steigerte sich allmählich in ein unerträgliches Stampfen. Mein Kopf drohte zu zerspringen. Ich fühlte mich abgezehrter denn je und infolge eines immer häufigeren Blutverlustes aus der Nase vollkommen entkräftet.
Alle angewandten innerlichen Arzneien, Waschungen, Umschläge und Zugpflaster brachten keine Besserung, wogegen mir bereits die ersten Molkenbäder hier auf dem Berg spürbare Erleichterung verschafften. Und dies sogar ohne inneren Gebrauch der Molke, wie es Dr. Kottmann eigentlich verschrieben hatte. Ich brachte das Zeugs mit bestem Willen nicht hinunter. It was just impossible! Es ekelte mich zutiefst an, und mein zarter Magen vertrug die Molke schlecht.›»
«Woher kommt sie denn überhaupt, die Molke?», fragt Lara.
«Weisst du», erklärt Herba, «wenn der Käse im Käsekessi mit einem Tuch oder einer hölzernen Schaufel ausgeschieden, herausgezogen und in einen Rahmen gepresst zum Trocknen und zur weiteren Behandlung beiseitegestellt wird, bleibt eine weisse, flockige Flüssigkeit im Kessi zurück. Diese nennt man bei uns hier in der Gegend Sirte. Auch sie gibt ein nahrhaftes und angenehmes Getränk ab.

Um die reine Molke zu gewinnen, wird die Sirte wieder über dem Feuer aufgekocht und etwas Milchessig zugegossen, worauf sich auch bald der Ziger ausscheidet, obenaufschwimmt und abgenommen wird. Der Rückstand, eine klare, weissgrünliche, süsse Flüssigkeit bildet die Molke. Viehzucht war nebst den Kurgästen die Haupterwerbsquelle hier auf dem Berg. Aus der würzigen Milch wurde unter anderem der weitherum bekannte Geisskäse hergestellt und damit die für die Kuren notwendige Molke gewonnen.» Herba lacht den erstaunten Gesichtern verschmitzt zu. «Ihr habt richtig gehört: Geisskäse sagte man ihm, auch wenn er nicht aus Ziegenmilch bereitet war, sondern seiner Kleinheit wegen – er war kaum grösser als ein mässiger Apfel – so benannt wurde. Dieser Käse war hart wie Stein und derart gesalzen und gewürzt, dass es dem daran nicht Gewöhnten vorkam, als würde ihm mit einem mit Pfeffer und Salz bestreuten Besen durch die Kehle gefahren.»

Vom Säntis bis zum Montblanc

«So. Aber jetzt erst mal willkommen auf dem Berg!», wiederholt sie und streicht mit ihrem Arm in einem weiten Bogen über das zu Füssen liegende Mittelland. «Welche Weite und Erhabenheit!», schwärmt sie. «Ich kann mich selbst nach all den vielen Jahren nie sattsehen.»

Unter ihnen schlängelt sich silbrig die Aare entlang des Jurasüdfusses. Weit im Westen verlieren sich Bieler-, Neuenburger- und Murtensee im Dunst. Solothurn und die umliegenden Dörfer liegen ausgefransten Farbtupfern gleich in der lieblichen Landschaft.

«Ihr solltet hier einmal das atemberaubende Schauspiel eines aufkommenden Gewitters erleben!», fährt Herba weiter. «Wenn die sich drohend aufbäumenden Wolken aufeinander werfen, sich wieder zurückziehen, um gleich wieder in anderer Formation loszuschlagen. Wenn Blitze den Himmel spalten und die schwarze Wand vor Gantrisch, Emmental und Napf, mal hier, mal dort, dann wieder wie bei einem Feuerwerk an verschiedenen Orten zugleich für kurze Augenblicke zerreissen.

Oder dann, an einem schönen Herbsttag, das Nebelmeer. Fantastisch! Unten die gleich einem Hexenkessel brodelnde graue Suppe, bald gespenstische Reiter in langen, weissen Mänteln auf Sturmesflügeln vorüberjagend, bald dunkelgrau aus der Tiefe feinen Aschenqualm ausstossend, als hätte sich ein Vulkan geöffnet. Dann wieder trügerische Ruhe vortäuschend, als reihte sich ein Blumenkohl an den andern.

Darüber das majestätische Alpenpanorama, ein weiter Halbkreis von Montblanc bis Säntis, das glitzernde Weiss des ewigen Schnees, sich wie funkelnde Sterne vom satten Blau des unendlichen Himmels abhebend. Und wenn möglich all das noch im Lichterspiel eines Sonnenuntergangs. Unbeschreiblich!»

Der Balmrys

Herba zeigt ins Flachland hinunter: «Seht ihr dort den markanten grauen Siloklotz? Der gehört zu Herzogenbuchsee. Etwas davor erkannt man bei genauem Hinschauen den Inkwiler- und den Äschisee. Sie verdanken ihre Entstehung unserem Balmrys.»

«Balmrys?», fragt Louis skeptisch.

«Ja», bestätigt Herba. «In der Urzeit lebten in unserer Gegend Rysenfamilien, riesiger und wilder noch als die vorhin erwähnten Gewitterwolken.

Menschen also von unvorstellbarer Grösse. Auch in den Voralpen und Alpen hausten welche. Eine dieser Familien wohnte oberhalb Welschenrohr am Schofbach. Ihre Aufgabe war es, den sagenumwobenen Goldschatz tief im Bergesinnern zu hüten. Härdlütli dienten als Diener und Wächter. Ausserdem mussten sie regelmässig das Gold auf Hochglanz polieren.
Der etwas liederliche Rysenvater, der Balmrys eben, wie er genannt wurde, war viel unterwegs. Nicht nur, um seine Familie mit Nahrung zu versorgen und den Schatz zu mehren, sondern auch, um mit seinen Kumpanen zu bechern. Seine Frau wartete und sorgte sich oft nächtelang.

Einmal nun legte sich der ungestüme Balmrys nach einer durchzechten Nacht mit dem um einiges stärkeren Pilatusrys an, nachdem dieser nichts Gescheiteres zu tun gewusst hatte, als die erste Jurakette zwischen Balmberg und Weissenstein mit riesigen Felsbrocken zu malträtieren und zu verunstalten. Dem Balmrys lief die Galle über. Er stellte dem von allen gefürchteten Pilatusrys ein Bein und brachte ihn zu Fall. Dabei liess der Rys den hochgestemmten Felsbrocken wohl fallen, rappelte sich aber schnell wieder hoch, packte den Balmrys am Kragen und schleuderte ihn mit solcher Wucht von sich, dass er noch zweimal auf den Boden prallte und jedes Mal wieder in die Luft katapultiert wurde, bevor er mausetot liegen blieb.
Die beiden Mulden, die beim Aufprall des Balmrys entstanden, füllten sich allmählich mit Wasser und bilden heute den Aeschi- und den Inkwilersee. Den vom Pilatusrys fallen gelassenen Felsbrocken kann man auf dem Steinhof bewundern.»

INFOS

Das Museum kann jederzeit kostenlos besucht werden. Der Zutritt erfolgt durch einen Haus-Code. Dieser ist per Handy jederzeit im Sennhaus Weissenstein abrufbar. Telefon 032 622 16 78

APÉROS

Die Museumsräume können für Apéros im kleinen Rahmen gemietet werden. Anfragen bitte direkt im Sennhaus. Telefon 032 622 16 78

FÜHRUNGEN

Auf Wunsch werden Führungen angeboten. Buchungen bitte an den Präsidenten der Museumskommission Weissenstein, Telefon 032 623 35 84, oder Region Solothurn Tourismus, Telefon 032 626 46 46

WEISSENSTEIN-MUSEUM

Das Museum ist im Besitz der Bürgergemeinde Stadt Solothurn. Die Ausstellung gliedert sich in vier Themenbereiche:

WINTERSPORT
WEISSENSTEIN-POST
SENNEREI
KURBETRIEB UND KURGÄSTE

Die Ausstellung erhebt keinerlei wissenschaftlichen Anspruch, ist nostalgisch und erinnert an die grosse, bewegte Vergangenheit des Weissensteins.

Die Mutter der Armen und Kranken

Herbas Blick löst sich von der Weite und wendet sich der nahen Anlage gleich unterhalb der Terrasse zu. «Der Juragarten», erklärt sie. «Ein Eldorado für Pflanzenliebhaber und mein Lieblingsort. Pflanzen bedeuten mir die Welt. Heilpflanzen vor allem. Gern möchte ich ihnen im Juragarten einen grösseren Platz einräumen. Bis jetzt kam ich nicht dazu. Doch was nicht ist, kann noch werden. Mein Name verpflichtet!» Herbas Augen leuchten. «Und mein Vorbild auch: Barbara von Roll. Kennt ihr sie?»
Thomas schüttelt nachdenklich den Kopf. «Muss zugeben, nein», gesteht er. «Bin ihr noch nie begegnet.» Und auch Anna hebt hilflos die Schultern. «Der Name sagt mir nichts.»
«Glaube ich euch gern.» Herba schaut sie mit ihren listigen Äuglein schmunzelnd an. «Sie lebte im 16. Jahrhundert!» Feuer funkelt auf in ihren Augen. «Sie war eine wunderbare Frau. Ausgezeichnet gebildet, mit gesundem Selbstvertrauen und – was noch wichtiger ist – mit einem grossen Herz. Die berühmteste Ärztin ihrer Zeit weitherum und Schwägerin von Niklaus Wengis Tochter. Desjenigen, der damals in Solothurn vor die geladene Kanone stand und damit einen drohenden Bürgerkrieg abwendete. Sie verheiratete sich früh, blieb aber kinderlos und wurde zur Mutter der Armen und Kranken. Schon in jungen Jahren sammelte sie eifrig Heilpflanzen, trocknete und verarbeitete sie selber und braute ihre Medizin nach eigenem Rezept. Mein Vorbild, wie gesagt. Ihr eifere ich nach!»

Das Weissenstein-Museum

Herba schaut auf die Uhr. «Mein Gott, was langweile ich euch da mit meiner Geschichte! Höchs-

INFOS

Kinderspielplatz
Rollstuhlgängig

BERGRESTAURANT SENNHAUS WEISSENSTEIN

Das Sennhaus bietet durchgehend warme, gutbürgerliche Küche, zum Teil aus eigener Produktion. Milch, Rahm und Butter liefern unsere Kühe.

Platz für 60 Gäste und 20 im Säli. Grosse Sonnenterrasse mit 100 Plätzen.

VERMIETUNG

Schneeschuhe
Schlitten

ABHOL- UND BRINGSERVICE

Ab/zum Bahnhof Oberdorf
Telefon 032 622 16 78

Bergrestaurant Sennhaus
Vorderweissenstein
4515 Oberdorf
Telefon 032 622 16 78
www.sennhaus-weissenstein.ch

ÖFFNUNGSZEITEN

Im Winter Sonntag ab 17 Uhr geschlossen, Montag geschlossen

te Zeit für das Museum. Das möchte ich euch auf keinen Fall vorenthalten.»

Sie führt die Gäste zurück auf die Nordseite des Kurhauses, über eine Holztreppe des Osttrakts hinauf, in die kleine, aber schmucke Ausstellung. «Sie ist in vier Hauptbereiche eingeteilt», erklärt Herba. «Ein allgemeiner Teil orientiert hauptsächlich über die Entwicklung der Passstrasse, ein zweiter über den Sport auf dem Solothurner Hausberg, ein dritter – auf ihn sind wir ganz besonders stolz – über die goldenen Tage der Weissenstein-Post mit eigenem Stempel, und der vierte Bereich ist dem Thema gewidmet, das alle andern erst möglich machte oder mindestens stark beeinflusste: das Kurhaus mit seinen weit über die Landesgrenzen hinaus bekannten Molkenkuren. Ihm wollen wir uns gleich zu Beginn der Führung zuwenden.»

Herba atmet tief durch. «Ist ja auch höchst beeindruckend und kommt einem Traummärchen nah, wenn man sich vor Augen führt, wer sich

da zur Zeit der Hochblüte im 19. Jahrhundert so alles hier auf dem Berg in noblen Sälen und Zimmern vergnügte, in Molkenbädern Heilung suchte und auf der Terrasse flanierte.»

Sie zieht zwei Fragebogen und Bleistifte aus einer Schublade und wendet sich Lara und Louis zu. «Damit ihr euch nicht langweilt», sagt sie. «Hier stehen elf Fragen drauf. Solothurnerzahl!» fügt sie schmunzelnd hinzu. «Wenn ihr euch die Ausstellung aufmerksam anschaut, könnt ihr sie sicher beantworten. Ist vielleicht interessanter, als meinem Geschwätz zu folgen!»

Während sich die beiden Kinder auf die Jagd nach Antworten begeben, nimmt Herba den Faden wieder auf. «Das Gästeverzeichnis liest sich denn auch wie eine Teilnehmerliste eines Adeligen- und Prominententreffens in einem Königshaus. Schaut mal her!»

Thomas und Anna beugen sich interessiert über das reich verzierte Buch: Professor F. J. Hugi, Solothurn, Papiermacher Ziegler, Kriegstetten, Kaufmann Dollfuss, Mülhausen. Madame Ringier, Zofingen, Marquis de Tocqueville, Paris, Goldschmied Peter Graff, Solothurn, Comte Vallin, Lyon, Baron Paillaiseau, Dijon, Josephine de Vigier, Solothurn, Gutsbesitzer Schön, Berlin, Grosskaufmann Adam Wotowski, Warschau, Mister Pelham, London, Abbé Perrottet, Côte d'Or, Alexander Dumas, Paris, Graf Holstein und Prinzessin Germichoff, Petersburg …

«Erstaunlich, nicht?» Herba weist mit ihrem knubbeligen Zeigefinger auf die rechte Spalte der Buchseite. «Wie ihr hier sehen könnt, galten drei verschiedene Pensionspreise. Einer für die Einheimischen, einer für eidgenössische Gäste und einer für fremde Nationalitäten. So bezahlten zum Beispiel, wie man hier ersehen kann,

Molkenprodukte erhältlich im Kurhaus Weissenstein.

der Herzog und die Herzogin von Narbonne für die Zeit vom 19. Juli bis 3. August 1831 371 Franken, für sich, einen Diener und eine Femme de Chambre. Sie luden regelmässig den Begründer der Molkenkuren, Dr. Kottmann, und einen Kapuziner, der im Kurhaus den Sonntagsgottesdienst hielt, zum Essen ein, machten jeden Abend Feuer im Kamin, kauften fleissig Tabak und Touristenkarten und tranken täglich Milch zwischen den Mahlzeiten. Nach den viel gerühmten Molkenbädern aber hatten sie kein Verlangen.»

Herba verschiebt sich ein paar Schritte und erzählt nahtlos weiter. «Es liegt selbstverständlich auf der Hand, dass derart vornehme und prominente Gäste auch eine anständige Zufahrt erwarteten. So wurde denn in den Jahren 1845 bis 1851 der steile Gartenmattweg durch die heutige Fahrstrasse ersetzt. Kutsche und Char-à-banc fuhren ab Amthausplatz zum Preis von 5 Franken respektive 20 Batzen zum Kurhaus hoch. Nach der Eröffnung der Eisenbahn ab Bahnhof, ab 1895 zweimal täglich fahrplanmässig. Ein Esel trug das Gepäck hinter der Kutsche her. Der älteste Weg aber, von Oberdorf über den Berg ins Münstertal, führte über den Hinter-Weissenstein. Der sogenannte Welsche Weg. Ihr werdet ihn noch kennenlernen. Man sagt, dass die Solothurner schon im Burgunderkriegszug von 1474 schwere Waffen über diesen Karrenweg geschleppt haben. Mit der Zunahme der Gäste wuchs auch das Bedürfnis nach einer Poststelle. Ich habe sie bereits erwähnt. Nur schon unsere reiche Postkartenausstellung belegt deren Bedeutung. Sie konnte sich bis 1974 halten.

Auch der Sport gehört seit den Anfängen zum Weissenstein. Dies zeigt die frühe Gründung des SAC im Jahre 1886. Es begann mit Bergsteigen, dann kamen das Skifahren samt Rennen, Skitourenfahren, der Langlauf und der Weissensteinschwinget dazu. Die Bösen schwingen auch heute noch genau an dem Ort, wo sich früher die Tennisplätze der Kurgäste befanden. In den 1930ger-Jahren ratterten sogar Motorräder rennmässig den Berg hoch…»

Louis drängt sich heran. «Bis auf eine Frage konnte ich alle beantworten», unterbricht er Herbas Ausführungen.

«Mir fehlen drei!», klagt Lara.

«Trotzdem ausgezeichnet!», lobt die kleine, zerfurchte Museumsführerin. «Kommt her, schauen uns die Sache zusammen an. Eure Eltern haben sicher nichts dagegen, die Ausstellung noch einen Moment in Ruhe geniessen zu können…!

Wanderroute 3

Passhöhe Balmberg – Weissenstein Sennhaus – Kurhaus

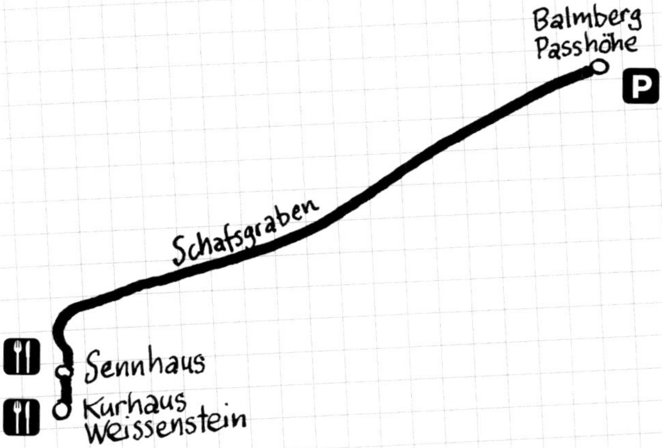

Routenverlauf	Höhe m ü. M.
Passhöhe Balmberg	1078
Weissenstein Kurhaus	1284

Wanderzeit

1 Stunde

Bemerkungen und Informationen

Sanft ansteigender, gut begehbarer Wanderweg.

TOR ZUR UNTERWELT

Der Berggasthof Hinter-Weissenstein dient als Ausgangspunkt zu Unterweltexpeditionen in die grösste Höhle des Solothurner Juras. Das Labyrinth aus weiten Gängen, schmalen Kaminen und engen Schlupflöchern in ungewohnter und zugleich faszinierender Abgeschiedenheit und Stille begeistert Jung und Alt.

Draussen, hinter dem Kurhaus, bestaunen Lara und Louis die mächtige gelbe Kugel auf steinigem Sockel. «Die Sonne», erklärt Hüli. «Der Beginn des Planetenweges. Wir werden ihm unterwegs zum Hinter-Weissenstein eine Weile folgen und dabei noch einigen Planeten begegnen. Allen aber nicht. Sie liegen zu weit entfernt.»

Nach einem kurzen Abstecher ins heimelige Sennhaus machen sie sich auf den Weg. Die kinderwagentaugliche Strasse zwischen dem Vorder- und dem Hinter-Weissenstein ist sehr beliebt und gleicht an schönen Tagen oft einer Flaniermeile für Erholungssuchende. Hüli und die Rohrbachs begegnen nebst den Planeten Merkur, Venus, Erde, Mars und Jupiter auffallend vielen älteren Menschen und Familien mit Kleinkindern, Rollstuhlfahrern und vor dem Alltagsstress Geflüchteten.

KANTONALES
NATURSCHUTZ-RESERVAT
NIDLELOCH
Beschädigungen und Verunreinigungen
sind zu unterlassen!
Bei Missachtung der Verbote, richterliche Busse bis Fr. 500.–
2. Mai 1972
Regierungsrat des Kantons Solothurn

Eine knappe halbe Stunde nach ihrem herzlichen, aber kurzen Abschied von Herba und ihren Molkenspezialitäten erreichen sie den Hinter-Weissenstein, ein gemütliches Berggasthaus mit grosser Sonnenterrasse. Louis und Lara steuern sofort darauf zu. Hüli jedoch ruft sie zurück: «Noch nicht, will euch zuerst den Eingang eines gewaltigen Höhlensystems zeigen!»

Das Nidlenloch

Er führt seine Gäste ums Restaurant herum, zum Waldrand hinauf, am Wegschild vorbei, zu einem massiven, aber niedrigen Gittertor am Fuss einer zerfurchten Fluh. «Voilà», sagt er, «der Eingang zum Nidlenloch. Er befindet sich auf 1274 Metern über Meer. Das Labyrinth aus weiten Gängen, niedrigen Passagen, geräumigen Hallen, gfürchigen Schächten, schmalen Kaminen und engen Schlupflöchern führt bis auf 850 Meter hinab. Es ist die grösste Höhle im Solothurner Jura. Mein Revier. Der Name verpflichtet: Hüli, der von der Höhle! Vielleicht erinnert ihr euch.
Ihre Zugänglichkeit, die bescheidenen technischen Schwierigkeiten – im oberen Teil sind einige Schächte mit Drahtseilleitern versehen – sowie die besondere Atmosphäre machen sie zu einer der meistbesuchten Nicht-Schauhöhlen der Schweiz.»
«Braucht man einen Führer, um da hineinzusteigen?», will Louis wissen.
«Nicht unbedingt. Im Prinzip kann jeder und jede das Nidlenloch auf eigene Faust erkunden.»
«Also auch ich?», hakt Louis nach.
«Nein», winkt Hüli ab. «Eine erwachsene Person sollte auf jeden Fall dabei sein. Auch wenn der vordere, touristisch erschlossene Teil verhältnismässig einfach begehbar ist, birgt er dennoch

NIDLENLOCH

START

Man erreicht den Eingang in wenigen Minuten vom Berggasthof Hinter-Weissenstein aus. Der Schlüssel für die Pforte ist im Restaurant zu den Öffnungszeiten, das heisst Mittwoch bis Samstag, von 8 bis 20 Uhr und am Sonntag von 8 bis 18 Uhr, erhältlich.

ZEIT

Geführte Begehungen erfolgen nur im vordersten Teil der Höhle bis rund 400 Meter in den Berg hinein, sie erfordern rund vier Stunden. Wobei dringendst empfohlen wird, sich nicht zu überschätzen, was die Orientierung betrifft.

JAHRESZEIT

Das Höhlensystem ist das ganze Jahr über begehbar.

AUSRÜSTUNG

Unumgänglich sind feste Bergschuhe und ein Helm mit Kopfbeleuchtung. Die Temperatur im Innern der Höhle liegt konstant bei 6 Grad. Es ist Ehrensache, absolut keine Abfälle zurückzulassen.

ANFORDERUNGEN

Mit der Broschüre «Das Nidlenloch» der Aktionsgemeinschaft Nidlenlochforschung AGN – sie ist für 10 Franken im Berggasthof Hinter-Weissenstein erhältlich – kann man den vorderen, mit stabilen Leitern ausgerüsteten Teil bis in den Forsterschacht hinunter mit geeigneter Ausrüstung auf eigene Faust erkunden.

INFOS

ANFRAGEN UND FÜHRUNGEN

Verwaltung Nidlenloch
Glaciesstrasse 17
4500 Solothurn
info@nidlenloch.ch
www.nidlenloch.ch
Telefon 078 732 73 18

BERGGASTHOF HINTER-WEISSENSTEIN

Der Hinter-Weissenstein ist ein beliebtes Etappenziel bei mehrtägigen Wanderungen und Ausgangspunkt zur Begehung des Nidlenlochs.

Auf unserer Menükarte finden Sie viele einheimische Produkte. Frühaufsteher mögen vor allem unsere Speckrösti.

Geniessen Sie die tolle Aussicht auf unserer Sonnenterrasse. Erleben Sie das Erwachen der Sonne und der Berge und bestaunen Sie den Sonnenuntergang.

Die Familie Stucki bewirtschaftet den Hinter-Weissenstein seit mehr als 50 Jahren.

INFOS

IDEAL FÜR BESONDERE ANLÄSSE

Es stehen das Säli (30 Personen) oder die Gaststube (44 Personen) zur Verfügung.

ÜBERNACHTUNGEN

Einzel- und Doppelzimmer, Matratzenlager mit 12, 16, 17 und 25 Plätzen

Berggasthof
Hinter-Weissenstein
Annegret und
Ueli Stucki
4515 Weissenstein
Telefon 032 639 13 07
www.hinterweissenstein.ch

einige Gefahren. Das Meistern von kurzen Kletterpassagen und Planlesen sind gefragt. Die Höhlengänge stellen ein wirres Labyrinth dar, das genau studiert sein will, um sich orientieren zu können. Wichtig ist auch, dass man sich nicht überschätzt und richtig ausgerüstet ist.»

«Was da wäre?», fragt Thomas.

«Gutes Schuhwerk wie Berg- oder Trekkingschuhe, Helm mit montierter Lampe, damit beide Hände frei sind, Reservebatterien und Ersatzbirne, warme Kleidung für Temperaturen um sechs Grad, Seil, Handschuhe und wenn möglich Knieschoner.»

«Ich könnte es also mit meinen Kindern versuchen, falls sie möchten?»

«Ja, wenn du etwas Bergsteigererfahrung mitbringst, darfst du das getrost wagen. Besuche aber nur den vorderen Teil der Höhle und bedenke, dass Kindern oft nicht die Erreichung eines bestimmten Zielpunktes der Höhle wichtig ist, sondern das Schnuppern von Höhlenluft an sich. Ausserdem empfehle ich dir, vorgängig das Nidlenloch ohne Kinder auszukundschaften.»

«Thomas!» Anna zeigt sich besorgt. «Da habe ich denn auch noch ein Wörtchen mitzureden!»

«Ach, war doch nur so eine Frage», beruhigt Thomas. «Man kann ja nie wissen!»

«Ich jedenfalls fände es cool!», begeistert sich Louis, während Anna schweigt und staunt.

«Selbstverständlich können immer Unfälle passieren», stellt Hüli klar. «Im Vergleich zur hohen Besucherzahl sind es aber wenige. Doch wie gesagt, eine gute Vorbereitung ist unerlässlich. Schon ein leichter Misstritt oder Sturz kann bei schlechter Ausrüstung, Orientierungsverlust oder ausfallendem Licht fatale Folgen haben.»

«Ich frage mich», seufzt Anna, «was ums Himmels willen bringt einen Menschen dazu, sich in ein dunkles, kaltes und nasses Loch zu begeben, dort stundenlang mühsam über Felsen zu klettern, sich durch enge Passagen zu zwängen und durch nasskalten Dreck zu kriechen?»

«Es ist die Faszination, sich in eine Welt zu begeben, die, obwohl nur einige Meter von der uns wohlbekannten Umgebung entfernt, doch so andersartig und geheimnisvoll ist. Sich in aller Abgeschiedenheit und Stille durch über Jahrtausende entstandene lebensfeindliche und zugleich faszinierende Gänge und Gesteinsformationen zu kämpfen.»

Auf der Sonnenterrasse des Hinter-Weissenstein

Zurück im Gasthaus geniessen sie noch vor dem Abstieg ins Tal auf der grossen Sonnenterrasse eine tüchtige Portion Meringue mit Bärg-Nidle. Die meisten Plätze sind belegt. Kein Wunder, gar manche Köstlichkeit aus Küche und Keller wartet auf hungrige und durstige Wanderer. Käsefondue und Rösti in vielen Variationen seien die absoluten Renner, schwärmt Hüli. Und übrigens, das hätte er jetzt beinahe vergessen, das Nidlenloch könne nur zu den Öffnungszeiten des Restaurants besucht werden.

Dann zeigt er zur Sonne, die schon bedenklich weit am westlichen Himmel steht. «Seht ihr, wie sie seit Mittag blasser geworden ist? Kein gutes Zeichen. Es ist Regen im Anzug.» Er steckt einen gehäuften Löffel voll Meringue mit Nidle in den Mund und schluckt den happigen Bissen scheinbar ungekaut.

«Wir Härdlütli haben gelernt, die Witterung aus den Veränderungen am Himmel, an den Gebirgen und Gewässern, am Vieh, ja selbst an den

Gerätschaften vorherzusagen», erklärt er mit sichtlicher Begeisterung.

«Wolkenschiffchen am östlichen Horizont nach Sonnenuntergang zum Beispiel zeigen Regen an. Ebenso, wenn die Sonne beim Auf- und Niedergehen bleichrot erscheint oder eben wie heute blasser wird.

Ist der Neuenburgersee am Morgen mit Nebel bedeckt, regnet es noch am gleichen Abend. Ziehen die Nebel vom Nesselboden gegen den Weissenstein hinauf, so bringen sie ebenfalls Regen. Wenn die Luft im Dilitschwald rauscht und im Frühling und Herbst gewaltig tobt, so verkündet sie Schnee. Zieht der Wind vom Scheiterwald her, so folgt Regen oder Schnee. Der Südwind bringt meistens Regen und kündet sich im Voraus durch das Austrocknen der hölzernen Gefässe, das schnelle Trocknen der Käsetücher und, wegen Trockenheit der Euterstriche, durch schwieriges Melken an.

Schönes Wetter hingegen zeigt das geschäfelte Gewölk am Himmel an sowie der Zug der Nebel nach den Schneebergen hin und ihre Verhüllung. Desgleichen das Trocken- und Hartwerden der Käse, und wenn die Kühe sich sträuben, heimzukehren…»

AUF DEN SPUREN DER FRANZOSEN

Die Schermtanne steht nicht mehr. Die Erinnerung an den Franzoseneinfall aber ist geblieben. Genauso wie die Überlieferung von der geheimnisvollen Frau im brandroten Kleid, die sich, wenn überhaupt, nur vor einem Wetterumschwung blicken lässt.

Ihr Weg führt vorerst während eines knappen Kilometers über saftige Juraweiden leicht abwärts, bevor er auf dem Sattel, unmittelbar nach dem Passieren einer Scheune rechter Hand, links weg zum Wald hinuntersticht.

«Hier stand früher, vor vielen, vielen Jahren, eine mächtige Schermtanne», erklärt Hüli. «Sie spielte während des Franzoseneinfalls keine unwichtige Rolle. Ein halbes Dutzend Oberdörfer hielten zu der Zeit hier oben während unzähligen Tagen Wache, um Regierung und Armeeführung vor dem Herannahen der Franzosen zu warnen. Abwechslungsweise sass einer zuoberst auf der mächten Wettertanne und hielt nach den feindlichen Truppen Ausschau, deren Anmarschweg man von Gänsebrunnen und Rüschgraben her vermutete.

Da, eines frühen Morgens, noch während es dämmerte, schrie Schärisepp vom Tannenwipfel

herab: «Sie kommen, sie kommen! Mein Gott, in hellen Scharen rücken sie an!»

Pechvogel Schärisepp

Seine noch schläfrigen Kameraden erschraken fast zu Tode, liessen Decken, Weinfass und Waffen liegen und rannten Hals über Kopf den Berg hinab, Oberdorf entgegen.
Schärisepp sah sofort, dass ihm die Zeit nicht mehr reichen würde, von der Tanne zu steigen. Er blieb oben, machte sich so klein wie möglich und hielt sich mucksmäuschenstill, in der Hoffnung, von den Franzosen nicht bemerkt zu werden. Seine Hoffnung erfüllte sich nicht. Sie richteten ihre Gewehre auf ihn und spannten den Abzug. Er musste herunter und sich ergeben, wollte er nicht wie ein Vogel abgeschossen werden. Zuerst nötigten sie ihn, einen Becher Wein aus dem Fass zu trinken, dann, nachdem sie annehmen konnten, dass derselbe nicht vergiftet war, machten sie sich selber wie ein Rudel Wölfe darüber her.
Während die Franzosen oben auf dem Berg unter der Wettertanne dem Wein huldigten, meldeten die geflohenen Oberdörfer General Altermatt, die Feinde seien bereits auf dem Hinter-Weissenstein. Altermatt kommandierte sofort ein Bataillon in Richtung Weissenstein ab. Damit aber war dem Schärisepp nicht geholfen. Im Gegenteil. Die Franzosen rückten weiter vor, drangen ins Mittelland ein und plünderten und verwüsteten unzählige Dörfer. Erst im Entlebuch gelang ihm die Flucht.
In der Folge wurden viele Leberberger Bauern, die Pferde besassen, gezwungen, die Kanonen der Franzosen von Gänsbrunnen den Rüschgraben hinauf, hier vorbei und den Welschen Weg

hinunter nach Solothurn zu schleppen. Jenen Weg, den auch wir jetzt einschlagen werden. Die mächtige Schermtanne steht leider nicht mehr. Sie fiel vor Jahrzehnten einem Sturm zum Opfer.»

S Wejerwybli

Hüli sticht, wie angekündigt, zum Waldrand hinunter, folgt einem steinigen Pfad, kreuzt einen Holzerweg und taucht ein ins frische Frühlingsgrün des Bergmischwaldes. Anna inhaliert genüsslich die würzige, von unzähligen Blumen und Kräutern geschwängerte Luft. Auf der schattigen Nordseite der Geissfluh wird diese vom beissenden Geruch des Bärlauchs überlagert, der an einigen Stellen die steile Berglehne einem satten Rasen gleich bedeckt.

Hüli bleibt stehen und schaut sich um.

«Gefällt dir was nicht?», fragt Thomas.

«Doch, doch», beruhigt das Härdmannli. «Halte nur Ausschau nach dem Wejerwybli.»

«Dem Wejerwybli?», wiederholt Thomas ungläubig. «Du heiliger Strohsack, wer ist denn das nun schon wieder!»

«Erinnerst du dich an meine Ausführungen über die Wetterzeichen, vorhin auf der Terrasse des Hinter-Weissenstein, zwischen Meringue und Nidle? Es ist zweifellos Regen im Anzug. Der ideale Zeitpunkt, um diesem Wejerwybli zu begegnen, denn es lässt sich, wenn überhaupt, nur bei bevorstehendem Wetterumschwung blicken. Ein interessantes, aber auch eigenwilliges Geschöpf.»

«Wejerwybli?», wundert sich nun auch die aufgerückte Anna.

«Sie wurde vor vielen Jahren des Öftern in der Nähe des inzwischen versumpften Kaiserweihers

in Lommiswil gesichtet. Daher ihr Name. Seither taucht sie immer wieder und überall am Südhang des Leberberger Juras auf. Stets überraschend und nie vorhersehbar. So richtig deutlich gesehen hat sie denn auch bis heute noch niemand. Sogar uns Härdlütli weicht sie geschickt aus. Ich selber erspähte sie erst einmal und auch nur von Weitem und bloss während weniger Augenblicke. Sie trug ein brandrotes Kleid und einen weisslichen Schattenhut. Ihre langen, braunen Haare fielen weit über den Rücken hinab. Niemand weiss Genaueres über sie. Ob sie alt ist oder jung, woher sie kommt und was sie treibt. Nur eines steht fest: Sie bewegt sich wieselflink und klettert die Bäume hoch und runter wie ein Eichhörnchen. So überraschend sie auftaucht, so schnell ist sie wieder verschwunden. Ein rätselhaftes Wesen!»

«Das vielleicht doch nur in der Einbildung existiert», bemerkt Thomas kritisch.

«Papa», empört sich Lara, «wenn Hüli etwas sagt, dann stimmt es auch!»

Hüli zwinkert ihr dankbar zu und schaut dann ihren Vater lange lächelnd an. «Nein, Thomas, da ist mehr dahinter, glaube mir. Die Schöpfung ist reicher und geheimnisvoller als wir zu ahnen vermögen. – Gehen wir weiter!»

Der Welsche Weg führt recht stotzig und in vielen Kehren zur Klus hinunter. Hier gesellt sich ihm, von links kommend, der Gartenmattweg zu. Gemeinsam passieren sie die zur Rechten fast senkrecht dem Himmel zustrebenden Wände des Steinbruchs, um gleich anschliessend in die Weissensteinstrasse einzumünden.

Bis zur Bahnstation Oberdorf verbleiben nur noch wenige Hundert Meter. Louis ist nicht unglücklich darüber. An beiden Füssen machen sich Blasen bemerkbar. Zugeben aber würde er dies nie. Er versucht tapfer, nicht zu humpeln und Hülis Tempo mitzuhalten, schaut aber gespannt auf seine Schwester, ob die nicht vielleicht doch auch etwas unregelmässiger daherschreite als zu Beginn des Tages. Zu seiner Enttäuschung aber zottelt Lara scheinbar so frisch und munter hinter Hüli her wie eh und je.

Abschied

Am Bahnhof konsultiert Thomas als Erstes den Fahrplan. «Ausgezeichnet, Hüli», rühmt er. «Ich muss gestehen, du hast die Zeit im Griff!»
«Nur allzu oft ist es leider umgekehrt», lacht das gutmütige Härdmannli. «Doch was solls, wir sind ja selber schuld. Ich sage mir immer: Tu alles, was du kannst, in der Zeit, die du hast, an dem Ort, wo du bist. Und mein Ort ist mein Berg hier, dessen Geheimnisse und Natur den Menschen näher zu bringen ich mir zur Aufgabe gemacht habe. Eine lohnende und schöne Arbeit!»
«Und wie kommst du jetzt zurück nach Balm?», fragt die kleine Lara sichtlich besorgt.
«Zu Fuss», antwortet der zerfurchte, knubbelige Hüli mit einer Selbstverständlichkeit, als läge Balm gleich nebenan. «Ich bin mir das Wandern von Kindsbeinen an gewohnt. Ausserdem führt ein herrlicher Höhenweg dem Waldrand entlang.»
Hüli wendet sich nun auch Thomas und Anna zu. «Wenn die Verantwortlichen vor bald 140 Jahren anders entschieden hätten, könnte ich jetzt wie ihr den Zug besteigen. Leider kam es schlussendlich anders.
Die Idee, den Weissenstein zu durchbohren, schwirrte schon lange in den Köpfen herum.

Man wollte die Landesteile nördlich und südlich des Juras einander näher bringen. Ein Projekt sah vor, vom Wäbernhüsli da oben einen Tunnel nach Gänsbrunnen zu bauen, der den Verkehr mit Pferdefuhrwerken erlauben würde. Ein zweites befasste sich mit der Linienführung einer Dampfbahn. Sie sollte von Solothurn aus zuerst dem nach Biel führenden Zweig der Centralbahn bis nach Bettlach folgen, dort in einem leicht ansteigenden Halbkreis wenden und allmählich die Höhe der Vorterrasse des Juras erreichen. Von da aus gedachte man, die Bahn in fast gerader Linie über Langendorf nach Rüttenen und dann durchs Galmis nach Balm und Günsberg zu führen. Beim Glutzenbergli war der Eingang des Balmbergtunnels geplant. Über Welschenrohr und Gänsbrunnen hätten dann die Züge Moutier erreicht. Zur Ausführung aber kam ein drittes Projekt: die Bahn, die hier Halt macht und euch zurück nach Hause bringt.»

In dem Moment fährt der erwartete, von Moutier herkommende Zug ein. Hüli reicht allen die Hand. «Gute Heimkehr noch!», wünscht er. «Und kommt bald wieder!»

Die Rohrbachs steigen ein, die Türen schliessen, der Zug fährt an. Herzhaftes Winken, letzte Abschiedsrufe, dann entschwindet das Härdmannli ihren Blicken.

«Ein liebenswürdiger Kerl, dieser Hüli», schwärmt Anna.

«Und ein eindrücklicher Tag», fügt Thomas hinzu.

«Etwas anstrengend», klagt Lara.

«Ein tolles Geburtstagsgeschenk», gesteht Louis, und man spürt, dass ihm dieses Kompliment trotz der vielen unvergesslichen Erlebnisse gar nicht so leicht über die Lippen kommt.

Wanderroute 4

Kurhaus Weissenstein – Hinter-Weissenstein – Station Oberdorf

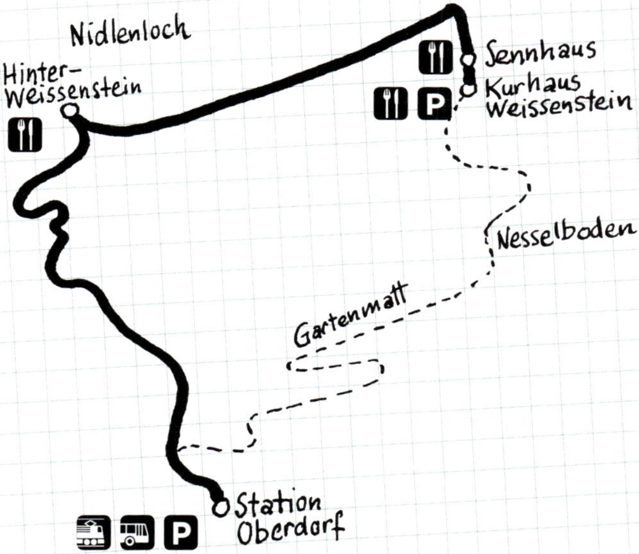

Routenverlauf	Höhe m ü. M.
Kurhaus Weissenstein	1284
Hinter-Weissenstein	1226
Station Oberdorf	655

Wanderzeit

1,5 Stunden

Bemerkungen und Informationen

Kurhaus Weissenstein bis Hinter-Weissenstein. Höhenweg mit Sicht auf Alpenpanorama. Hinter-Weissenstein bis Oberdorf gut begehbarer Wanderweg. Anfänglich über sanfte Juraweiden, dann steiler Abstieg nach Oberdorf.

KLETTERN IM GEBIET BALMBERG-WEISSENSTEIN

Kletter-Interessierten stehen
ZWEI KLETTERGÄRTEN zur Verfügung:

OBERDÖRFER KLUS
BALMFLUHCHÖPFLI

Nähere Informationen finden Sie in den nachstehend aufgeführten Kletterführern.

PLAISIR JURA
Von Jürg von Känel
Edition Filidor
ISBN 3-906087-30-1
Dieser Kletterführer deckt die Bedürfnisse eines Genusskletterers ab.

KLETTERROUTEN BALMFLUE
Von Beni Kissling
Verlag Baechli-Bergsport, Zürich
Dieser kleine, übersichtliche Kletterführer der Balmflue beschreibt die über 30 Routen im Hauptsektor sowie die neuen Mehrseillängenrouten am berühmten Turm. Fotos mit eingezeichneten Zugangswegen und ein Übersichtsplan erleichtern das Finden der Kletterfelsen.

Neben den erwähnten Gebieten Oberdörfer Klus und Balmfluh ist auch der dazwischen liegende Eulengrat, ein bedeutendes Klettergebiet oberhalb Rüttenens, sehr empfehlenswert.

NOTIZEN

Balmberg
postauto flury

NOTIZEN

NOTIZEN

Rolf Imbach und Franz Walter

Franz Walter wurde 1949 in Solothurn geboren. Er ist Autor mehrerer Romane, wovon die meisten auf geschichtlichen Grundlagen basieren. Er schrieb den Text und komponierte die Musik zu insgesamt vier Singspielen. Sie handeln alle von Themen aus dem Wasseramt. Unter anderem engagierte er sich in der Entwicklungshilfe als Leiter einer Handwerksschule in Kenia. Während vier Jahren vertrat er das Wasseramt im Solothurner Kantonsrat. Hauptberuflich arbeitet er zurzeit als Reallehrer in Buttikon.

Rolf Imbach wurde 1943 in Basel geboren, besuchte die Kunstgewerbeschule in Basel und arbeitete als Grafiker und Illustrator in Mailand, Stockholm und Zürich. Seit 1978 lebt und arbeitet er als freischaffender Illustrator und Grafiker in Solothurn. Seine Leidenschaften, das Wandern, das Pilz-und Kräutersammeln und die Ornithologie, prägen seine farbenfrohe Bilderwelt. Regelmässig sind seine Bilder in Ausstellungen zu sehen. Rolf Imbach veröffentlichte bereits zahlreiche Bilderbücher.

TEXT Franz Walter, Uznach

ILLUSTRATIONEN Rolf Imbach, Solothurn

LAYOUT Monika Stampfli-Bucher, Solothurn

FOTOS Regula Meister, Matzendorf

Elisabeh Bucheli, Balmberg

Margit Widmann, Günsberg

Jörg Wüthrich, Wiedlisbach

Silvan Thüring, Naturmuseum Solothurn

Solothurn Tourismus

DRUCK UND EINBAND Druckerei Ebikon AG, Ebikon

1. Auflage, Mai 2010

ISBN 978-3-905848-30-4

Alle Rechte liegen bei Franz Walter, Rolf Imbach und dem Verlag. Kein Teil des Werkes darf in irgendeiner Form ohne Genehmigung der Herausgeber verwendet werden.

Dieses Buch wurde in der Schweiz hergestellt.

www.knapp-verlag.ch

FSC www.fsc.org MIX Papier aus verantwortungsvollen Quellen FSC® C041277

HERZLICHEN DANK

Baloise Bank SoBa

STADT SOLOTHURN

Region SOLOTHURN Tourismus

pro natura

SO kultur
Kulturengagement Lotteriefonds Kanton Solothurn

WWF

Bürgergemeinde der Stadt Solothurn

Gemeinde Feldbrunnen-St. Niklaus

Rosmarie und Armin Däster-Schild Stiftung